뉴욕타임즈 베스트셀러 작가
브라이언 트레이시 신작!!

성공,
목표에 집중하라!

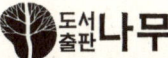

Original Title : BULL'S EYE : The Power of Focus
Original Copyright ⓒ 2015 by Brian Tracy
Published by arrangement with Sourcebooks, Inc.
All Rights Reserved
Korean Translation Copyright ⓒ 2015 NAMU BOOKS, Inc.
through Inter-Ko Library & IP Agency

이 책의 한국어판 저작권은 인터코에이전시를 통한 Sourcebooks, Inc.와의 독점 계약으로 주식회사 도서출판 나무에 있습니다.
저작권법에 의해 한국 내에서 보호를 받는 저작물이므로 무단 전재와 무단 복제를 금합니다.

목 차

도입: 과녁을 명중시켜라 5

CHAPTER 1. 명확성의 힘 9

CHAPTER 2. 집중의 힘 19

CHAPTER 3. 목적의 힘 35

CHAPTER 4. 몰입의 힘 47

CHAPTER 5. 탁월함의 힘 61

CHAPTER 6. 인간관계의 힘 79

CHAPTER 7. 지속의 힘 97

성공을 위한 연습 3단계 113

저자에 대하여 118

도입 : 과녁을 명중시켜라

현재 우리는 역사상 가장 풍요로운 시대에 놓여 있다. 경제적 불황이 잠깐씩 왔다 가긴 했지만 생각해보면 오늘날처럼 무궁무진한 기회의 장이 열려있던 적은 단 한 번도 없었다. 지금은 사람들이 설정할 수 있는 목표와 그러한 목표를 성취할 기회들이 넘쳐나는 시대이다.

100세대 이전의 과거보다 지금 당신은 스스로 잠재력을 더 마음껏 그리고 자유롭게 뽐낼 수 있다. 한 가지 분명한 사실은 당신이 잠재되어 있는 가능성을 개발시키면 시킬수록 앞으로 발전 시킬 수 있는 잠재 가능성 또한 더 높은 수준으로 개발된다. 왜냐하면 인간의 뇌는 계속 학습할수록 그 능력과 용적량이 함께 확장되기 때문이다.

당신이 현재 버는 수입의 배를 벌지 못할 이유는 없다. 아니 그보다 많은 다섯 배 또는 여섯 배를 버는 것 또한 가능하다. 당신보다 재능이 뛰어나지 않고 제대로 교육조차 받지 않은 그 누군가는 이미 당신이 꿈꾸는 수입을 벌어들이고 있다. 다른 사람이 한 것이라면 당신도 충분히 할 수 있다. 다만 그 방법을 제대로 안다면 말이다.

명확성, 집중, 그리고 몰입

당신은 지금까지 살면서 성취한 것의 배 이상을 성취할 능력을 이미 갖추고 있다. 다만 그러기 위해서 당신도 할 일이 있다. 삶에 '명확성, 집중, 몰입' 이 세 가지 요소를 깊이 뿌리내리게 하는 것이다.

우선 스스로가 누구인지 그리고 자신이 무엇을 원하는지를 명확히 이해해야 한다. 자기 자신을 제대로 이해한 후에야 자신에게 가장 중요한 목표가 무엇이며 지금 당장 해야 하는 일이 무엇인지를 알 수 있다. 마지막으로 할 일은 전력을 다해 스스로 정한 목표를 향해 돌진하는 것이다.

크게 성공한 사람들은 자신의 목표를 달성하기 위해 실제로 위에서 말한 세가지 요소들을 제대로 활용했다. 그리고 그 결과로 남과 다른 무언가를 만들어냈다.

다행히 이 책을 읽는 당신도 꾸준한 연습과 반복적인 훈련을 통한다면 3가지 요소들을 스스로 뇌에 각인시키고 동시에 체화할 수 있다. 강도 높은 운동과 몰입을 통해 신체의 근육을 단련하는 것과 마찬가지로 정신적 기술들도 반복적 훈련을 통해 습득될 수 있다.

당신은 삶에서 당신이 할 수 있는 훌륭하고 멋진 어떤 것들을 달성하려고 할 것이다. 또한 당신이 하는 모든 것에서

도입 : 과녁에 명중시켜라

과녁의 정중앙(bull's-eye: 목표물의 중심)을 맞추는 것으로 큰 점수를 내기 원할 것이다.

앞으로 페이지를 한 장 한 장 넘기면서 어떻게 하면 성공을 향한 당신의 그 열망을 현실로 이루어낼 수 있는지 보게 될 것이다. 제대로 숙지만 한다면 많은 사람이 평생에 걸쳐 이루어내는 것들보다 더 많은 것을 당신은 단 몇 달 만에 이루어낼 수도 있다. 이제 시작이다.

많은 사람들이 평생에 걸쳐 이루어내는 것들보다 더 많은 것을 단 몇 달 만에 이루어내라!

CHAPTER 1
명확성의 힘

 1899년 11월 13일, 하워드 힐Howard Hill이라는 남성이 미국 펜실베이니아에서 태어났다. 그는 이후에 아주 대단한 사람으로 거듭난다. 스포츠를 좋아했던 하워드는 야구와 축구에 재능을 갖고 있었다. 그러나 얼마 지나지 않아 그는 스스로 야구와 축구에 재능이 있기는 했지만 그것이 국가대표 선수로 활약할 만큼의 재능은 아니라는 것을 깨달았다. 그래서 그는 야구와 축구를 그만두고 양궁으로 주 종목을 옮겼다. 당시 양궁은 다른 스포츠에 비해 경쟁이 그다지 치열한 종목은 아니었다.

 양궁을 선택한 것은 하워드가 지금껏 내린 결정 중 가장 잘한 일이었다. 하워드는 마치 양궁을 위해 태어난 사람 같았다. 경기에 참가한 이래로 수년간 연속으로 196번이나 승리를 거머쥐어 챔피언이 되었다. 다른 선수들은 기껏해야 일생에 한두 번 정도 얻는 영광을 하워드는 무려 196번이나 얻었다. 그는 세계 최고의 양궁선수가 되었다. 심지어 화살의 정확성을 높이고 더 멀리까지 날려 보내기 위해 자신만의 기다란 활을 특별제작하기도 했다.

하워드는 현재 역사상 가장 뛰어난 양궁선수로 평가받는다. 경기에 출전하면 다른 선수들은 거의 당연하다는 듯이 그의 승리를 예상했다. 함께 경기에 참가하는 선수들조차 하워드가 있으면 1등 자리는 바라지도 않고 대신 2등이나 3등을 노렸다.

당신도 챔피언이 될 수 있다

하워드가 세계에서 가장 뛰어난 궁수인 것은 사실이나 당신도 활과 화살 그리고 웬만큼 활을 쏠 줄 아는 실력을 갖추고 있다면 그를 충분히 이길 수 있다. 단, 하워드가 목표물을 볼 수 없다는 전제하에 말이다.

하워드 힐이 경기에 나갔는데 정작 목표물이 담요나 천에 가려져 보이지 않는다고 가정해 보자. 그가 아무리 재능이 있고 경험이 풍부하다 해도 목표물이 어디에 있는지 알지 못하면 그것들은 결국 다 무용지물이 되어버린다. 지그 지글러Zig Ziglar의 말을 인용하자면 "당신은 당신이 볼 수 없는 목표는 절대 성취할 수 없다."

이는 당신에게도 똑같이 적용되는 말이다. 스스로 원하는 것이 무엇인지 명확하게 알기 전에는 당신은 인생이라는 경기에서 결코 승리를 거머쥘 수 없다.

당신의 목표는 무엇인가?

이상한 나라의 앨리스를 쓴 작가 루이스 캐럴Lewis Carroll이 한 유명한 말 중에 이런 말이 있다. "지금 스스로 어디로 향해 가는지 알지 못하면 어떤 길을 택하던 그 위에서 길을 잃고 말 것이다."

토마스 칼라일Thomas Carlyle은 이렇게 말했다. "분명한 목표가 있는 사람은 가장 힘난한 길 위에서도 전진해 나아갈 수 있다. 그러나 목표가 없는 사람은 가장 평탄한 길 위에서도 아무런 발전을 이룰 수 없다."

당신 스스로가 어떤 사람인지 - 무엇을 좋아하고 싫어하는지, 무엇을 원하는지, 그리고 당신의 목표와 목적이 무엇인지 - 더 명확하게 알수록 어떠한 환경적인 어려움도 극복해낼 수 있다.

당신에게 가장 가치 있고 중요한 일은 무엇인가? 나 자신도 이 질문에 쉽게 답하지 못했다. 그리고 한참을 고민한 뒤에 내가 내린 결론은 *생각thinking*이었다.

생각은 가장 중요한 개념이기 때문에 당신이 할 수 있는 가장 높은 강도의 노동이다. 생각이라는 개념은 어떤 일에 심각한 잠재적 결과를 초래할 수 있을 정도로 중요한 것이다. 또 어떤 일에는 미미하거나 어떤 가능성도 없는 결과를 초래할 만큼 중요하지 않다.

결과를 가정하고 행동하라

　시간 관리에서 가장 중요하게 해야 할 일 중 하나가 바로 어떤 일을 하거나 하지 않음으로써 발생할 수 있는 기회비용에 따라 우선순위를 정하는 것이다. 성공하는 사람들은 기회비용에 따라 우선순위를 정하는 데 아주 능숙한 사람들이다. 이들은 중요도가 높은 일에 더 많은 시간을 할애한다. 중요도가 높을수록 그들의 미래에 미칠 영향력 또한 크기 때문이다. 반면 자신의 인생에서 성공의 열매를 맛보지 못하고 스스로가 불행하다고 느끼는 사람들은 중요도가 다소 떨어지는 일에 그들 시간의 대부분을 할애한다.

　당신의 미래에 가장 큰 영향력을 발휘할 수 있는 활동은 놀랍게도 '생각'이다. 당신 생각의 질이 곧 당신이 내리는 선택의 질에 직접적인 영향을 미칠 수 있기 때문이다. 다음으로 어떤 선택을 하느냐가 곧 행동에 직접적인 영향을 미치고 그 다음 연쇄적으로 당신의 행동은 당신이 미래에 이룰 수 있는 성취와 결과에 직접적인 영향을 미친다.

　엄밀히 말해 인생은 결과가 전부다. 인생 마지막에 당신을 평가하는 기준은 그 동안 이루어낸 성취와 결과이다. 그리고 당신이 만들어내는 성취와 결과의 질은 대부분 당신이 지금 하는 생각에 지배받는다. 이미 말했듯, 생각은 곧 행동으로 이어지고 행동은 또 결과로 이어지기 때문이다.

확률의 법칙

간단히 말해 당신의 목표는 분명 스스로 인생에서 중요하다고 여기는 부분에서 가장 높은 단계의 성취를 이루어내는 것이다. 다행히 당신은 앞으로 이루어낼 성취와 미래를 철저히 당신 뜻대로 이끌어갈 수 있다. 당신은 그럴만한 잠재력을 충분히 가지고 있다. 단 어떤 일을 특정한 방식으로 반복해서 해야 한다. 반복해서 하고자 하는 일을 계속하면 당신은 고소득을 올리며 더욱 만족스러운 삶을 살 수 있다. 반복해서 하는 일은 당신 개인의 성공 확률을 높일 것이다.

확률의 법칙에 따르면 당신이 바라는 모든 것은 그대로 이루어질 수 있고, 그 가능성은 놀라울 만큼 정확하게 계산되고 또 예측될 수 있다. 당신이 어디에서 무엇을 하든 과거 그 분야에서 성공을 거둔 다른 사람들이 했던 행동들을 반복해서 시도함으로써 당신 또한 그에 따르는 혹은 그 이상의 성공을 거둘 수 있다. 이것을 안 것만으로도 당신은 아주 위대한 발견을 한 것이다.

과녁의 중심 맞추기

다트와 다트판을 한번 떠올려보라. 과녁의 중심을 맞추면 당신은 50점을 획득할 수 있다. 다트가 바깥 원으로 하나씩 비켜 나갈 때마다 점수는 10점씩 낮아진다. 40점, 30점, 20

점, 10점, 그리고 마지막 0점까지.

다트를 던지는 사람이 있다고 상상해보자. 그는 다트를 던져본 경험이 거의 없는 사람이다. 당연히 기술도 없어서 처음에는 매우 미숙하다. 이미 그는 술집에서 맥주를 몇 잔 걸친 상태이고 술집 안의 조명은 매우 어둡고 컴컴하다. 다트판과 그의 거리는 대략 1m 정도이다. 그는 곧 다트를 던지기 시작한다. 계속해서 그리고 끊임없이.

확률의 법칙 때문에 그가 계속해서 다트를 던질 경우, 지금보다 더 나쁜 환경에 있더라도 결국 언젠가는 다트 정중앙을 맞출 것이다.

최상의 경우를 희망하라

가령 무제한의 공급으로 매시간, 매일, 매주, 매월, 매년 동안 다트를 계속 던진다면, 결국 정중앙을 명중시킬 수 있다.

많은 사람이 그저 그런 삶을 산다. 또한 '큰 한방'을 꿈꾼다. 사람은 살면서 적게는 수십 가지에서 많게는 수백 가지씩 다른 일을 시도하고 도전한다. 그들은 인생이라는 다트판 위에서 끊임없이 다트를 던진다. 하지만 대다수의 사람은 중간에 포기하거나 평범한 삶에 안주한다. 그들은 인생이라는 게임에서 과녁의 중심을 맞출 능력도 재주도 갖지 못한 채 "그럴만한 가치가 없어"라고 결론을 내린다.

확률 높이기

만약 같은 선수가 다른 전략을 쓴다면 어떻게 될까? 만약 매우 진지하게 인생이라는 게임에서 과녁의 중심을 맞추고 승리하기를 바란다면 어떻게 할까? 다트판의 정중앙을 명중시키는 것을 정말 간절히 원한다면 그는 목표를 이루기 위해 도움을 줄 수 있는 전문가에게 찾아가 비법을 구하거나 훈련을 받을 것이다. 정신이 산만해지거나 쉽게 지쳐 술을 몇 잔 들이켜는 대신 그는 충분한 휴식과 명석함을 얻을 것이다. 다트판이 밝게 보이고 그다지 멀리 떨어져 있지 않음을 깨닫게 된다.

이제 그가 과녁을 명중시킬 확률이 얼마나 될까? 달라진 태도와 의지로 인해 확률은 이전보다 훨씬 높아져 있을 것이다.

그에 더해 다트를 끊임없이 반복해서 던진다면 어떻게 될까? 다트를 계속 던지면서 매번 던지는 각도를 조절하고 정확도를 높이기 위해 자세를 수정해 준다면? 그리고 포기하지 않는다면? 과연 무슨 일이 벌어지겠는가?

승리는 예측할 수 있다.

위의 조건들을 모두 충족시키면 거의 100%의 확률로 그는 과녁을 명중시킬 것이다. 과녁을 한번 맞히고 나서도 끊임없이 연습하고 실력을 향상하기 위해 노력한다면 후에는 어떤

성공, 목표에 집중하라!

상황에서도 최고의 실력을 뽐내며 과녁을 반복적으로 명중시킬 수 있다. 이것은 모든 게임에 적용되는 법칙이다. 승리에 다가가기 위해 반복적으로 자신의 상태를 확인하면서 계속 시도하는 것은 모든 게임에서 이길 수 있는 불변의 법칙이다.

당신도 인생이라는 게임에서 승자가 될 수 있다. 당신이 가고자 하는 길에서 이미 성공을 거둔 누군가가 한 일을 반복적으로 똑같이 하면 당신도 똑같은 성공을 거둘 수 있다.

우선은 목표가 무엇인지 분명하게 아는 것이 중요하다. 스스로가 어떤 사람인지, 진정으로 원하는 것은 무엇인지, 그리고 원하는 것을 얻고 원하는 곳으로 가기 위해서 어떤 단계들을 거쳐야 하는지를 분명히 알고 있어야 한다. 그래야 스스로 목표가 무엇인지도 분명하게 볼 수 있다.

당신은 인생에서 큰 성공을 하기 위해 할 수 있는 모든 것을 다 해보아야 한다. 이러한 시도는 과녁의 중심을 맞추는 (목표를 달성하는) 다음 단계로 우리를 이끌 것이다.

"분명한 사실은 눈으로 볼 수 없는
목표물은 절대로 맞출 수 없다는 것이다."
지그 지글러Zig Ziglar

CHAPTER 2
집중의 힘

"성공은 곧 목표이고, 그 이외의 모든 것은 부수적인 것들에 불과하다."

― 엘로이드 코난트 Lloyd Conant

과녁을 명중시키기 위해선 우선 맞추고자 하는 과녁이 무엇이고 또 그것이 어디에 있는지를 알아야 한다. 우선은 자신의 인생에서 반드시 이루어낼 궁극적 목표를 설정하라. 그것은 다른 어떤 목표보다 훨씬 더 중요하고 궁극적으로 도달하고자 하는 지점과 맞닿아 있어야 한다. 궁극적으로 이루고자 하는 목표를 설정하는 것이 바로 성공을 위한 시작이다.

목표를 정하는 단계는 단순하면서 동시에 강력하다. 어떤 목표를 설정하느냐에 따라 당신의 삶이 바뀔 수 있다. 목표 설정 단계는 7단계로 이루어진다.

1단계

당신이 원하는 것이 무엇인지 분명히 결정하라. 이 단계에서는 자신에게 어떠한 한계도 없다고 가정하라. 당신은 목표를 이루는 데 필요한 모든 재능과 능력, 지식과 기술을 가지고 있다. 필요한 경우 동원할 수 있는 충분한 인맥과 돈 그리고 자원까지 확보되어 있다고 상상하라.

한계가 없다는 가정하에 생각하는 연습을 해라. 과거는 잊어라. 이전에 당신이 어떤 문제와 한계에 부딪혔었는지 상관없다. 당신의 미래가 부딪힐 수 있는 한계는 오직 당신의 상상력뿐이다. 상상력에는 한계가 없으니 당신의 미래에도 한계가 없다고 생각해야 한다.

구체화시켜라

1. 당신이 원하는 것을 구체적으로 생각하라. 원하는 것을 구체적으로 상상하는 것만으로도 당신은 전체 인류의 80%와 다른 길을 걷게 될 것이다. 일반적으로 80%의 사람들은 그들이 스스로 원하는 것이 무엇인지 제대로 알지도 못한 채 살아간다.

2. 아인슈타인은 이렇게 말했다. "단순한 단어로 설명할 수 없다면 당신은 스스로가 설명하고자 하는 개념에 대해 충분히 알지 못하고 있다."

3. 사람들에게 "목표가 있습니까?"라고 물어보라. 그들 대다수는 "물론 있지요!"라고 대답할 것이다.
4. 하지만 실제로 그들에게 목표가 무엇인지 물어보면, "나는 부자가 되고 싶소, 날씬해지고 싶어요, 행복하게 사는 게 목표입니다, 좋은 집과 좋은 차 그리고 좋은 옷들을 갖고 싶네요, 여행하고 싶죠"와 같은 말들을 늘어놓는다.
5. 하지만 이런 것들은 목표가 아니다. 목표라기보다는 한낱 소망이고 꿈에서 볼 법한 환상에 불과하다. 소망은 잠재적으로 아무런 힘이 없는 목표에 불과하다.

사람들은 목표를 설정하지 않는다

가장 비극적인 것은 사실상 대부분의 사람이 그저 한낱 소망을 자신들의 목표로 착각하며 살아간다는 사실이다. 결과적으로 사람들은 구체적이지 않고 분명하지 않은 자신의 목표를 세우기 위해 책상 앞에 앉는다. 이러한 이유로 보통의 사람들은 자신들이 이루어낼 수 있는 것의 반도 채 이루어내지 못한다.

2단계

목표를 정했다면 그것을 종이 위에 써라. 그리고 그 목표들을 수치화시켜라. 전 세계 인구의 3%만이 실제로 이 작업을 한다. 하버드와 예일대학에서 진행한 연구에 따르면, 자신의 목표를 종이 위에 써내려 갔던 사람은 목표를 가지고 있지 않았던 사람이나 종이에 쓰지 않았던 사람보다 평균적으로 10배 이상의 고수익을 올렸다.

스스로 목표를 적어 내려가는 것만으로도 당신은 소수 3% 안에 들 수 있다. 목표를 적으면 '끌어당김의 법칙'이 작용한다. 끌어당김의 법칙은 당신이 목표를 이루는 데 필요한 사람과 아이디어 그리고 모든 필요한 자원을 당신 곁으로 끌어온다. 자연스럽게 당신은 목표에 가까이 다가가게 된다.

3단계

기한을 정하라. 당신의 잠재의식 속 컴퓨터에 정확히 언제 목표를 이루어내고 싶은지를 입력하라. 우리의 잠재의식은 설정된 기한을 좋아한다. 마감 시간은 당신이 그것을 의식하든 하지 않든 간에 하루 24시간 내내 당신을 목표를 향해 달려가도록 채찍질하는 역할을 한다.

당장 이루어내기 힘든 목표라면 그것을 작게 쪼개어 쪼개진 목표에 각기 다른 기한을 부여하라. 1년짜리 목표를 정했다면 그것을 달 단위로 쪼개어 기한을 정해 둘 수 있다. 때에 따라 주 단위로 쪼개어 기한을 정해 두는 것도 좋다.

만약 당신이 정해진 기간 안에 목표를 달성하지 못한다면 어떻게 하는가? 이에 대한 해답은 간단하다. 기한을 약간 수정해 또 다른 기한을 만들어내면 된다. 필요할 때마다 기한은 수정할 수 있다. 기억하라. 이 세상에 비현실적인 목표는 없다. 단지 비현실적인 기한만이 있을 뿐이다.

때로는 생각했던 기한보다 더 일찍 목표를 달성할 수도 있고 생각했던 기한을 넘겨서 목표를 이룰 수도 있다. 그러나 그보다 중요한 것은 마음속에 정해둔 분명한 목표와 그 목표를 이루려는 때를 잊지 않는 것이다.

4단계

목록을 만들어라. 목표를 이루기 위해 당신이 해야만 하는 모든 일을 적어보라. 한쪽에는 목표달성에 필요한 기술들과 당신이 알고 있어야 하는 지식을 파악해서 적어보고 다른 한쪽에는 당신이 목표까지 향해가는 데 극복해야 할 장애물들을 파악해서 적어보라. 그리고 목표달성에 필요한 도움을 줄 수 있는 사람들을 파악해서 그 밑에 적어보라.

목록을 작성하는 과정 자체가 매우 중요하다. 당신이 스스로 현재 수입의 두 배를 벌거나 경제적으로 자립하겠다는 것과 같은 큰 목표를 세울 때, 처음에는 그것이 너무나 버겁고 벅차게 느껴질 수 있다. 그래서 목표를 이루려고 시도조차 해보기 전에 이내 좌절해 버릴 수도 있다.

하지만 목표를 이루기 위해 당신이 할 수 있는 모든 일을 세밀하게 적어보면, 목표를 이룰 가능성 또한 함께 높아지게 된다. 처음에는 "나는 이 목표를 전부 이루기 어려울지 몰라."라고 생각하다가 "하지만 적어도 이건 할 수 있을 것이고 그 다음에는 이걸 할 수 있을 거야."라고 생각하게 될 것이다.

헨리 포드Henry Ford는 이렇게 말했다. "부분들로 작게 쪼개면 어떤 일도 특별히 어렵지 않다."

계속 당신이 할 수 있는 일이 무엇이 있을지 생각해서 목록을 추가해라.

5단계

4단계에서 만들었던 목록으로 계획을 짜라. 프로젝트를 맡아서 처리할 때처럼, 일의 중요도와 진행될 순서에 맞추어 목록을 체계화시켜라.

일에는 순서가 있다. 순서는 무엇을 먼저하고 또 무엇을 나중에 하느냐의 문제이다. 첫 단계에서 어떤 것을 하고 그 다음 두 번째 단계에서 무엇을 하고 이렇게 연쇄적으로 할 일을 정리해서 체계화시켜야 한다.

일이 진행되는 순서에 맞춰서 달성한 일은 V로 표시하고 지우는 습관을 들여라. 학교나 직장에서 중요한 프로젝트를 맡아 진행하는 것과 마찬가지로 일을 순서대로 체계화하고 일이 진행되어감에 따라 달성한 것들을 하나씩 지워가는 습관을 들이는 것만으로도 성공 가능성을 10배 이상 높일 수 있다.

또한, 작성한 목록을 중요도에 따라 나누는 작업을 해야 한다. 중요도에 따라 목록을 작성할 때는 2:8 법칙을 이용하라. 목록의 상위 20%가 중요도를 놓고 보았을 때 당신이 달성하고자 하는 목표의 80%를 차지하도록 하라. 즉, 20%의 일을 하는 것으로 80%의 성과가 이미 달성되도록 작성하라.

순서와 중요도에 따라 목록을 제대로 작성했다면, 이제 당신에게는 최적의 계획표가 하나 생긴 것이다. 어떤 목표든 같은 방식으로 계획표를 짤 수 있다. 목표와 그에 따른 계획표를 가지고 있는 사람은 과녁을 맞히는데 필요한 장비를 모두 갖춘 궁수나 다트 던지기 선수에 비견될 수 있다.

6단계

이제 행동할 단계이다. 목록에 적어 놓은 계획을 실행에 옮겨라. 계획이 무엇이든 어떤 것이든 일단 하라. 아인슈타인이 말했던 것처럼 "무엇이든 움직이지 않으면, 아무 일도 일어나지 않는다."

마찬가지로 당신이 행동하지 않는다면 아무 일도 일어나지 않을 것이다. 우선은 무엇이든 첫걸음을 떼야 한다. 성공으로 가는 길은 단순하다. 용기를 내어 대다수 사람이 가지고 있는 관성을 타파하고, 우선 첫걸음을 내딛는 것이다.

행동하라

목표를 향해 나아가는 길 위에서 우선 첫걸음을 떼면, 놀라운 일 3가지가 동시에 일어난다.

첫째로, 제대로 된 방향으로 가고 있는 것이 맞는지 확인할 수 있다. 누군가의 조언이나 스스로 반추를 통해 자연스럽게 목표를 향한 궤도수정을 하는 것이 가능해진다. 궤도수정을 통해 목표로 나아갈 수 있는 가장 빠른 길을 찾는 것 또한 가능해진다.

둘째로, 첫걸음을 내디디면, 다음 단계로 넘어가는 것이 훨씬 수월해진다. 한번 실행에 옮기면 이 다음부터는 무엇을 해야 하고 또 할 수 있는지 계속해서 아이디어가 샘솟을 것이다.

셋째로, 실행에 옮기고 나면 자신감이 상승한다. 스스로가 더욱 강하고 긍정적으로 변해감을 느낄 것이다. 자연스럽게 자존감도 함께 높아진다. 높아진 자존감으로 당신은 앞으로 더 많은 목표를 이룰 수 있다고 느낄 것이다.

당신은 언제나 첫걸음을 볼 수 있다

목표를 정하면, 첫걸음을 어떻게 내디뎌야 하는지 볼 수 있다. 첫걸음을 내디딜 수 있는 용기를 낸다면 그 다음 걸음을 어떻게 내디뎌야 하는지 볼 수 있을 것이다. 두 번째 걸음을 딛고 나면, 그 다음 세 번째 걸음을 딛는 방법이 보일 것이다. 이렇게 한 번에 한 걸음씩 내딛다 보면 마침내 인생에서 궁극적으로 이루고자 하는 목표를 이룰 수 있다. 그리고 목표를 이루고 나서도 언제나 다음 걸음이 향하는 방향을 볼 수 있을 것이다.

7단계

자신의 가장 중요한 목표를 향해 나아가는 길 위에서 성취하기 위한 행동을 매일 하라. 무언가를 매일 한다면 그것이 얼마나 사소한 행동이든 언젠가 그 사소한 행동들이 모여 결국 성공을 향한 전환점이 될 것이다.

전환점이 한 번 찾아오고 나면, 성공을 향해 나아가는데 가

속도가 붙기 시작한다. 목표를 향해 더욱 빠르게 나아가는 자신을 발견함과 동시에 목표가 점점 당신에게 빠른 속도로 다가오고 있음을 느낄 것이다. 아마도 가장 단순하지만 동시에 가장 강력한 힘을 지닌 성공의 법칙은 우선 시작하고 그것을 포기하지 않고 계속 밀고 나가는 것이 아닐까 생각한다.

주요 목표를 정하라

10가지 목표 정하기 방식을 이용하라. 방법은 간단하다. 우선 깨끗한 종이 한 장을 꺼내서 '목표'라고 글자 두 개를 적어라. 그 옆에는 오늘의 날짜를 적어라. 그리고 나서 다음 열두 달 동안 이루고 싶은 목표 10가지를 적어라.

특별한 공식 : 3P

앞으로 목표를 적을 때는, 늘 이제부터 소개할 특별한 공식에 먼저 대입하라. 이 공식에 대입함으로써 당신은 무의식적으로 당신의 목표에 더 가까이 다가갈 수 있을 것이다. 공식은 바로 3P이다. 당신이 설정하는 목표가 포함된 문장이 항상 1) Personal : 자기 자신을 주어로 하며, 2) Positive : 긍정적인 표현으로, 3) Present : 현재시제로 쓰여야 한다. 마치 당신이 이미 목표한 바를 이루어 낸 것처럼.

자기 자신을 주어로 설정해야 한다는 말은 목표에 언제나 자기 자신을 포함시키라는 말이다. 예를 들어, "나는 얼마의 돈을 번다", "나는 이 정도의 차를 몬다", "나는 ~을 성취한다" 등과 같은 형식으로 목표를 설정하라는 의미다.

모든 목표는 긍정적으로 표현하라. "나는 담배를 끊을 것이다"라고 말하는 대신 "나는 비흡연자이다"라고 말하라.

그리고 마지막으로 모든 목표를 현재시제로 만들어라. 시간이 지나 당신이 이미 목표한 바를 이루었다는 가정하에 목표를 작성하라. 당신이 바라고 목표하던 바가 이미 당신의 눈앞에 놓여있는 현실이라고 보는 것이다.

현재 수입의 두 배를 벌 수 있다

만약 당신의 목표가 현재 수입의 두 배를 벌어들이는 것이라면, 정확히 두 배의 금액에 달하는 목표 액수와 함께 "나는 매년 이 만큼의 돈을 번다"라고 적어라.

그리고 그렇게 쓴 목표 옆에 자신만의 기한을 정해 같이 적어라. 예를 들어 "나는 XX,XXX원의 돈을 올해 말까지 번다"와 같이 적는 것이다.

목표를 적을 때 자신을 주어로 놓고, 현재시제의 긍정문으로 만들면 당신의 잠재의식은 무의식적으로 계속 목표를 24시간 내내 스스로 상기시키며 목표를 이룰 수 있게끔 재촉하는 역할을 한다. 많은 사람이 단순히 책상 앞에 앉아 앞서 소개한 공식에 맞춰 목표를 작성하는 것만으로 단기간 내에 인생에서 큰 변화를 경험했다.

가장 중요한 목적

다음 열두 달 안에 이루고 싶은 목표 10개를 적었다면, 이제 다음 단계로 갈 수 있다.

당신에게 마법 지팡이가 있다고 상상하라. 당신이 그 마법 지팡이를 이용해 적었던 목표를 조만간 모두 이루어낼 수 있다고 상상해보라. (단, 그것을 진정으로 원하고 있어야 하고 동시에 행동에 옮길 의지가 있어야 한다) 그리고 가지고 있는 마법 지팡이를 휘둘러 지금부터 24시간 안에 가지고 있는 10개의 목표 중 하나를 바로 이룰 수 있다.

질문 하나만 하자. 만약 당신의 인생 중에서 진짜로 24시간 안에 가장 중요한 단 하나의 목표를 이룰 수 있다면, 지금 당장 무엇을 이루고 싶은가? 무엇이라고 대답하든 그것이 당신의 인생에서 가장 중요한 목표이다. 그 궁극적 목표를 중심으로 당신은 인생을 설계할 것이다.

인생을 구성하는 많은 영역에서 각기 다른 목표를 가지고 있을 수 있다. 하지만 목표 가운데서도 다른 목표들보다 확연히 더 중요한 목표를 구별해서 세워야 한다.

가장 큰 목표 달성하기

깨끗한 종이 한 장을 꺼내라. 종이 맨 위에 자신을 포함해 긍정적 표현으로 현재시제의 목표 문장을 적어라. 그리고 거기에 기한을 설정하라.

예를 들어, "나는 1억 원을 12월 31일까지 번다."라고 적는 것이다.

그리고 이 목표를 이루기 위해 당신이 할 수 있는 모든 것들을 적어보라. 목표를 이루기 위해 무엇을 배워야 하는가? 목표를 이루는데 맞닥뜨릴 수 있는 장애물에는 어떤 것들이 있는가? 누구의 조력이나 도움이 필요할 수 있겠는가? 그리고 당신이 정한 목표를 이루기 위해 매일 할 수 있는 일은 무엇이 있는가? 이 같은 질문들을 던져보라.

이 질문들에 답하고 나면 바로 무언가를 행동에 옮길 수 있다. 목표를 이루기 위해 할 수 있는 일들을 리스트 형태로 적은 다음 리스트 안에 있는 항목 중 하나라도 시도해 보라.

오늘부터, 당장 당신이 가장 중요하다고 생각하는 목표에 조금씩이라도 근접해 갈 수 있는 무언가를 매일 하라.

놀라운 사실은 당신이 궁극적으로 정해 놓은 목표를 향해 달려가면서 매일 무언가를 하기 시작하면, 동시에 다른 목표들에도 조금씩 근접해 갈 수 있다는 사실이다. 하나의 목표에 집중해 달려가기 시작하면 동시에 다른 목표들 스스로가 조금씩 가까워지고 있음을 발견할 것이다.

10개의 목표를 적고 그 중 당장에라도 이루고 싶은 목표를 하나 정한 다음에 그 다음 목표를 향해 가기 위한 계획을 세워라. 그리고 그 계획 안에서 무엇이든 매일 하라. 그렇게 함으로써 당신의 인생은 180도 변할 것이다. 그리고 마침내 이루고자 하는 목표를 이룰 것이다. 당신이 생각하던 때보다 훨씬 이른 때에.

지금 당장 **목표**를 위해 무엇이든 하라.
당신의 리스트에 있는 일을 하나라도
시작함으로써 첫 걸음을 내디뎌라.

CHAPTER 3
목적의 힘

인간은 깊은 심연에서부터 본능적으로 삶의 의미와 목적을 간절히 바라는 존재이다. 마크 트웨인Mark Twain은 "인생에서 가장 중요한 날은 당신이 태어난 날이고 그 다음으로 가장 중요한 날은 왜 태어났는가에 대한 해답을 찾은 날이다."라고 말했다.

당신은 무언가 멋진 일을 해내기 위해 이 지구라는 별에 떨어졌다. 그런데 과연 그것이 무엇인가? 웨인 다이어Wayne Dyer는 "모든 아이는 각자의 비밀 지령을 갖고 태어난다."고 말했다. 그렇다면 당신의 비밀 지령은 무엇인가?

모든 사람은 이 세상에서 그들만이 할 수 있는 특별하고 고유한 역할을 하나씩 가지고 태어난다. 다시 말해, 이 세상에 쓸모없는 사람은 단 한 명도 없다. 각자가 그 나름대로 어떤 방식으로든 인생에서 채울 수 있는 영역이 분명 있다.

심리학 분야에서 한 획을 그었던 에이브러햄 매슬로

Abraham Maslow는 인간에게 두 가지 종류의 욕구가 있다고 밝혔다. 하나는 결핍의 욕구이고 또 다른 하나는 존재의 욕구이다.

결핍의 욕구는 불안, 의심, 걱정 또는 해결되지 않은 갈등으로 이루어져 있다. 이들 욕구는 사람의 잠재가능성에 제동을 걸고 무언가를 시도하거나 도전하려고 하면 그것을 하지 못하도록 제어하는 역할을 한다. 매슬로 박사에 따르면 무려 전 세계 인구의 98%가 결핍의 욕구 같은 정신적 장애 때문에 스스로 잠재력을 제대로 알지 못한 채 살아간다.

존재의 욕구는 자아실현에 대한 욕구로 정의될 수 있다. 자아실현을 하는 사람은 자신에 대한 만족도가 높고 스스로 끊임없이 발전시키기 위해 노력한다.

이 두 가지 욕구와 관련해서 매슬로 박사가 내린 결론은 바로 결핍의 욕구에서 자유로워지면 존재의 욕구를 실현하는 것이 가능해진다는 것이다. 월트 휘트먼Walt Whitman은 이렇게 말했다. "밝은 빛을 향해 계속 얼굴을 내밀어라, 그러면 그대를 가리던 그림자가 곧 머리 뒤로 사라져 갈 것이다."

자신을 위한 선언문

스스로 잠재력을 깨닫고 목표를 이루기 위해서는, 인생에 목적이 있어야 한다. 당신 자신보다 더 크고 중요하다고 생각되는 무언가에 스스로 헌신해야 한다. 앞으로 당신에게 필요한 것은 바로 1) 가치, 2) 비전, 3) 목적, 4) 임무, 5) 목표 이렇게 다섯 가지이다.

다섯 가지

당신만의 가치를 세워라. 당신이 하는 모든 행동의 바탕을 이루며 어떤 일이 있어도 흔들리지 않는 중심을 잡아줄 그리고 다른 그 어떤 것과도 타협하지 않을 가치가 있어야 한다. 뛰어난 사람은 자신만의 분명한 가치 기준을 가지고 있으며 실제 생활에서 그 가치를 적용한다. 당신의 가치관 그리고 그 가치를 고집하는 정도가 당신이라는 사람의 본질을 결정할 것이다.

다음으로 당신에게 필요한 것은 비전이다. 비전이란 미래에 대한 분명한 청사진이다. 미래에 대한 선명한 그림은 당신 마음대로 구상하는 것이기 때문에 모든 면에서 완벽하다. 따라서 이 비전 하나만으로도 당신의 마음은 흥분으로 가득 찰 수 있다. 미래에 대해 분명한 비전은 그 자체로 당신에게 동기부여가 되고 더 빠르게 그것을 현실화시킬 수 있도록 촉진하는 역할을 한다.

목적과 임무는 앞서 말한 가치와 비전이 자연스럽게 확장된 개념으로 볼 수 있다.

가장 중요한 것은 역시 목표다. 당신의 가치와 비전, 목적과 임무를 유기적으로 연결해 현실로 만들어낼 수 있는 역할을 하는 것이 바로 목표다. 목표는 당신이 할 수 있는 일과 해야 하는 일을 단계별로 나눈 계획으로 이루어져 있다. 당신이 최종적으로 이루고자 하는 그것이 바로 목표다.

인생에서 당신의 사명은 무엇인가?

많은 회사에서 회사의 정체성과 존재 이유를 규명하는 강령을 설정하는데 많은 시간을 투자한다. 회사 강령을 보면 그 회사가 지역사회 내에서 어떤 비전을 갖고 무슨 역할을 하고 있는지 볼 수 있다.

회사 강령은 이루고자 하는 **목표**, 목표를 달성하고자 하는 구체적인 **방법**, 그리고 목표를 얼마나 성취하였는지 보여줄 수 있는 **구체적 지표**, 이렇게 크게 세 부분으로 이루어져 있다.

많은 회사가 강령 설정에 많은 시간과 노력을 투입하지만, 실제 대부분 회사에서 표방하고 있는 강령은 지나치게 모호한 문장들로 이루어져 있다. 목표를 이루기 위해 매일 무엇을 할 것인지 그리고 목표를 어떻게 해서 성취할 것인지가 강령 안에 전혀 담겨 있지 않은 경우가 대다수이다. 예를 들어, 스티브 잡스Steve Jobs가 운영하던 애플의 강령은 "우주에 발자국을 남기자."였다. 이게 도대체 무슨 말인가?

강령이 갖추어야 할 조건에 비추어보면 애플의 강령은 전혀 쓸모 없는 문장이다. 강령 자체가 모호한 말로 이루어져 있었음에도 애플이 성공할 수 있었던 이유는 그들이 가지고 있던 진보적 기술에서 찾아볼 수 있다.

좋은 강령

다음은 사업에서 활용할 수 있는 괜찮은 강령의 예시다. "우리의 목표는 고객들에게 가능한 최고의 품질로 보답하는 것이다. (목표) 우리는 제품 품질을 까다롭게 관리하고 끊임없이 품질개선을 위해 할 수 있는 모든 것을 시도함으로써 목표를 달성한다. (방법) 고객 만족과 재구매율에 근거해 매년 판매량과 수익률이 25%씩 증가하는 것을 목표 달성의 지표로 삼는다. (구체적 지표)"

이와 같은 구체적 강령은 회사의 구성원에게 회사의 비전을 구체적으로 심어주는 동시에 각자 해야 할 역할을 명확하게 밝혀준다. 강령을 기준 삼아 모든 구성원은 자신의 역할과 책임이 무엇인지 분명히 알고 각자의 업무가 회사의 명운에 어떤 영향을 미치는지 지속해서 점검할 수 있다.

강령은 실현 가능성이 있는 목표를 제시해야 한다. 제시하는 목표에 맞추어 역할을 다하면 직원들은 가벼운 마음으로 일을 마치고 집으로 돌아갈 수 있어야 한다. 심지어 여섯 살

짜리 꼬마도 회사에서 제시하는 목표가 무엇인지 오늘을 기준으로 얼마만큼 목표를 달성했는지 이해할 수 있어야 한다.

당신만의 사명을 만들어라

개인적으로 나 자신의 사명은 지난 30년간 전혀 변하지 않았다. 나의 사명은 "사람들이 그들의 목표를 더 빠르게 달성할 수 있도록 돕는 것"이다.

다른 사람이 보면 손발이 오그라들 수 있는 문장이지만, 이 간단한 문장 하나가 지금의 나를 있게 했다. 내가 하는 강연과 세미나, 온라인 학습 프로그램, 저술활동, 라디오 DJ 활동 등 직업과 관련된 모든 일을 할 때 모든 기준이 내가 30년 전에 정한 사명에 맞춰져 있다. 나는 내가 만들어낸 학습 프로그램 및 전달하는 내용을 실제 사용하는 사람의 숫자를 기준으로 계속 점검한다.

당신도 당신만의 사명을 만들 수 있다. 가족 사명, 지역사회 강령, 회사 강령 등 집단의 종류와 범위에 따라 각기 다른 강령을 만들어낼 수 있다.

스티븐 코비Stephen Covey는 가족 구성원들끼리 서로 의논하고 협의하여 현실적 조건에 맞게 함께 만드는 가족 사명의 중요성에 관해 역설한 적이 있다.

경력과 관련된 사명

당신의 직업 혹은 경력과 관련된 사명은 다음과 같은 것이 될 수 있다. "나는 나의 고객들이 내가 제공하는 서비스를 통해 더 풍성하고 나은 삶을 살도록 돕는다. 이 목표를 달성하기 위한 구체적 방법은 고객들의 필요에 지속적인 관심을 두고 서비스의 품질을 개선하기 위해 노력하는 것이다. 목표달성을 측정하는 지표는 나의 고객과 나의 수입이 매년 20% 증가하는 것으로 한다.

당신의 사명은 무엇인가? 삶의 다양한 영역에서 각기 다른 사명이 존재할 수 있다. 당신이 표방하는 사명을 구체적이고 명확하게 제시할수록 당신은 인생의 목표를 좀 더 쉽게 그리고 더 빠르게 달성할 수 있다. 당신이 삶에서 만들어내는 사명이 곧 당신이 살아가는 이유다.

올바른 질문을 하라

앞으로 사명을 설정하기에 앞서 다음 질문을 스스로 던져보라.

1. 당신이 원하는 만큼의 돈을 가지고 있다고 상상하라. 단, 돈을 갖는 동시에 어떤 일이든 스스로 완전히 몰입할 수 있는 일을 하나 가지고 있어야 한다. 이때 어떤 일을 선택하고 싶은가?

성공, 목표에 집중하라!

2. 당신이 진정으로 하고 싶은 일은 무엇인가? 오늘 당장 경제적으로 자립할 수 있는 상태에 놓여 있다면, 직업으로 삼고 싶은 일은 어떤 것인가?
3. 무엇을 믿고 있는가? 당신을 움직이는 가치관과 변치 않는 신념은 무엇인가? 당신이 가치 있다고 생각하여 다른 사람들과 공유하고 싶은 신념, 열정, 지식은 무엇인가?
4. 당신이 진정으로 좋아하는 일은 무엇인가? 당신에게는 특별히 다른 누구보다 어떤 방식으로든 더 돕고 싶은 사람들이 있는가? 당신이 지금 어떠한 변화라도 만들어낼 수 있다면 이 세상에 어떤 변화를 가져오고 싶은가?
5. 당신이 유명해지고 싶은 이유는 무엇인가? 다른 사람에게 어떠한 사람으로 알려지고 싶은가? 다른 사람이 당신이 없을 때 어떤 말로 당신을 평가하기를 바라는가? 당신은 어떤 사람으로 다른 사람에게 기억되고 싶은가? 당신이 죽고 나서 올라오는 부고 기사에 어떤 말이 쓰이기 바라는가? 혹은 장례식장에서 다른 사람이 당신에 관해 어떤 말을 하기 원하는가?
6. 데일 카네기Dale Carnegie는 이렇게 말했다. "무언가 가치 있다고 느끼는 감정은 인간과 동물을 구분 짓는 가장 큰 차이다." 당신이 개인적으로 가장 가치가 있다고 여기는 것은 무엇인가?

당신의 인생에서 가장 큰 부분을 차지하는 영역은 생각의 영역이다. 인생에서 자신만의 사명을 설정할 때 가장 큰 역할을 하는 영역 또한 생각의 영역이다. 이때 이루어지는 생각이 당신의 장기적 행복과 성공에 지대한 영향을 미친다.

당신만의 사명을 직접 작성해보라

시간을 갖고 자신만의 사명을 한 번 작성해 보라. 앞으로 만들 사명이 곧 당신이 맞춰야 할 과녁이 된다. 이제 적게 될 내용 안에는 당신이 인생에서 다른 어떤 것들보다 간절히 성취하고 싶은 것과 앞으로 당신이 다른 사람의 삶에 만들어내고 싶은 변화가 담기게 될 것이다.

독자의 이해를 돕기 위해 간단한 형태의 구성을 소개한다.

나의 사명은 _____ 이다.
다른 사람의 삶에 가져오고 싶은 변화를 중심으로 목표를 정의 내려보라.

목표를 달성하기 위해 사용할 방식은 _____ 이다.
목표까지 가기 위해 어떤 일을 할 수 있는지 써내려 가라.

목표달성을 평가할 수 있는 기준은 _____ 이다.
가장 중요한 목표 한 가지를 달성하는 데 사용할 수 있는 최적의 지표는 무엇이 있을지 생각해보라.

다른 사람을 향한 섬김

 우리의 창조주는 당신을 설계할 때, 다른 사람을 위해서 헌신함으로써 스스로 좋게 느끼도록 만들었다. 당신의 자존감 및 가치관, 스스로 좋아하는 정도는 타인을 섬기고 헌신할 때 높아진다. 성경에서 이렇게 밝히고 있다. "받는 자보다 주는 자에게 영광이 있으리라."

 다른 이들을 섬기는 것을 통해 당신은 상을 받는다. 당신이 받을 상의 양과 질을 높이려면 다른 사람을 향한 섬김의 양과 질을 높여야만 한다. 일과 삶에서 가장 중요하게 던져야 할 질문은 바로 이것일 것이다. "섬김의 가치를 높이기 위해 오늘 당장 내가 할 수 있는 일은 무엇인가?"라고 말이다.

웨인 다이어는 말했다.
"모든 아이는
각자의 *비밀 지령*을 갖고
태어난다"

그렇다면
당신의 *비밀 지령*은
무엇인가?

나의
비밀 지령:

CHAPTER 4
몰입의 힘

원하는 것을 분명히 알고, 스스로 가장 중요하다고 생각하는 목표에 집중하며, 나아가 목표에 이르기 위해 한 번에 한 계단씩 집중해서 오르다 보면 당신은 반드시 표적의 정중앙을 명중시킬 수 있다.

중요한 것에 몰입하여 집중하는 능력은 평생 습관처럼 굳어질 수 있도록 꾸준한 연습을 통해 충분히 훈련해야 한다. 집중하는 능력 또한 습관이다. 요한 볼프강 폰 괴테Johann Wolfgang von Goethe는 이렇게 말했다. "모든 일은 그것이 쉬워지기 전까지 어렵기 마련이다."

나의 벗 에드 포맨Ed Forman은 이렇게 말했다. "좋은 습관을 만드는 것은 어렵지만 한 번 만들어지면 인생살이를 쉽게 만들어 준다. 반대로 나쁜 습관은 얻기 쉽지만 삶을 어렵게 만든다."

무언가에 몰입하고 집중하는 습관을 들이는 것은 분명 어려운 일이다. 그러나 그 습관이 한 번 몸에 배면 그 다음부터 집중하는 것이 어렵지 않다. 사실, 집중하지 못하는 나쁜 습관보다 한군데 집중하는 습관을 익히기가 훨씬 쉽다.

아리스토텔레스Aristotle는 말했다. "우리가 반복적으로 하는 행동이 곧 우리가 누구인지 말해준다." 우리는 일상에서 일어나는 일의 대략 95%를 습관적이고 무의식적으로, 그리고 자동반사적으로 처리한다. 좋은 습관을 형성하여 그 습관이 당신을 통제하게끔 하라.

다행히 어떤 습관이든 훈련을 통해 체득하는 것이 가능하다. 무언가를 매일 반복적으로 훈련하다 보면 그것은 어느새 숨 쉬는 것처럼 자연스러운 일상 습관이 될 것이다.

훈련이 만들어내는 것은 완벽이 아닌 습관이다.

방해요소의 유혹

오늘날 현대인들의 성공과 경력을 위협하는 가장 큰 위험요소는 끊임없는 전자기기의 자극이다. 사람들은 그로 인해 정신이 계속해서 분산되는 경향이 있다.

과거 휴대전화는 사람들에게 가벼운 수준의 주의력 결핍 장애를 선물했다. 그러나 스마트폰과 페이스북, 트위터, 유튜브, 링크드인 및 여러 애플리케이션이 발명되고부터 사람들은 언제 어디서나 저비용에 혹은 많은 경우 무료로 서로에게 24

시간 연결되어 있게 되었다. 그 덕분에 역설적이게도 사람들은 중요한 일에 집중하여 일을 완수해내는 능력에 커다란 손상을 입었다.

전자기기 중독

신경과학자들의 증언에 따르면, 매번 전자기기에서 울리는 알림 소리에 반응할 때마다 당신은 반복적으로 무언가를 기대하고 희망에 차게 된다. 이때 당신의 뇌에서는 소량의 도파민이 나와 흥분작용이 일어난다. 도파민은 코카인이나 다른 흥분제에 들어있는 화학물질이다.

'딩동' 하는 전자기기의 알림 소리와 함께 당신은 아침이면 이메일을 확인하고 SNS 사이트를 돌아다니면서 온갖 종류의 자극적 내용에 반응한다. 이때 당신의 뇌에서는 도파민이 분출되고, 이내 당신은 온종일 그 자극에 중독되게 된다. 그러면서 당신의 생각패턴과 뇌는 변하게 된다. 지속적으로 누군가에게 연락이 오지 않나 메시지를 확인하게 되고, 만약 아무 연락이 없으면 다른 사람들의 반응을 필요로 하는 연락을 쭉 돌린다. 메시지를 받은 다른 사람들의 뇌에서는 도파민이 흐르게 되고 이들이 당신에게 답변을 보내면서 결국 순환적으로 자극은 또 다른 자극을 낳는다.

결과가 모든 것을 말해준다

일과 삶에 있어서 성공의 가장 중요한 척도는 결과다. 결과를 만들어내기 위해서는 구체적으로 어떤 일을 시작하여 정해진 시간 내에 끝마쳐야 한다. 당신은 당신에게 주어진 일을 완수해야 한다.

주어진 일을 완수해내는 능력은 성공에서 필수 불가결한 조건이다. 당신의 업무수행에 방해되는 요소는 그것이 어떤 것이든 당신의 성공에 장애물로 작용한다.

안타까운 사실은 오늘날 많은 사람들이 어떤 종류의 지적 자극에 반응하지 않고 짧게는 단 몇 분 동안 집중하는 것조차 어려워한다는 것이다.

처음에는 시간 관리를 효율적으로 하고 정신을 한 군데 몰입하는 습관을 들이는 데 절제와 반복적 훈련이 요구된다. 그러나 시간이 지나 습관이 몸에 배어 굳어지면, 당신은 주변의 그 어떤 누구보다 더 많은 것을 이루어낼 수 있다.

자기관리 단계

당신이 성취해내는 것들과 성과 그리고 나아가 벌어들이는 수입은 극적으로 증가할 수 있다. 당신이 인생과 일에서 효율적으로 체계화할 수 있다면 말이다. 체계화하는 방법을 단계별로 제시해 놓았다.

1단계

우선 스스로가 삶의 각 영역에서 이루고자 하는 목표를 분명하게 제시하라. 머릿속으로 생각하는 것에 그치지 말고 그 생각을 종이에 적어라. 중요도에 따라 그 목표들을 하나씩 조직하고 그 중에서 가장 중요하다고 생각되는 목표를 하나 정해 매 순간 그것을 자신에게 상기시켜라.

2단계

전체 계획을 세우는 단계이다. 성취하고자 하는 일을 단계별로 세분화한 다음, 일이 완수되는 상황에 따라 V로 표시하라. 계획단계에서 소비되는 1분의 시간이 실행단계에서의 10분을 절약해줄 것이다.

계획단계에서 다음의 말을 기억하라. "사전에 제대로 한 준비는 나중에 일이 어설프게 진행되는 것을 막아준다."

목표를 이루기 위해 해야 하는 일들을 나열하고 그것들을 진행될 수 있는 순서대로 정리하라. 해야 할 일들을 순서대로 정리하기 전까지 절대 어떤 일도 시작하지 마라. 이때 만든 계획이 당신이 목표를 향해 가는 데 필요한 길잡이가 되어줄 것이다.

3단계

 이제 순서대로 조직한 계획을 하나의 목록으로 정리하라. 이 목록에 당신이 목표를 성취하기 위해 할 수 있는 모든 것들을 전부 다 적어라. 날짜를 월별로 계산해 매달 목표를 이루기 위해 무엇을 해야 하는지 적어라. 그리고 그 계획들을 한 단계 더 세분화시켜 매주 할 수 있는 계획들을 세워 목록화시켜라.

 매일매일 그날 해야 할 일들에 대한 목록을 만들어라. 매일 할 일을 정하기 가장 좋은 시간은 일을 마치고 하루를 정리하는 시간인 밤이 가장 좋다. 전날 밤 다음날 할 일을 계획하는 것이다. 그러나 무슨 일이 있어도 아침에 일어나 그날 할 일들을 다시 정리해야 한다. 그날 할 일을 정리하는 것을 일과의 우선순위로 삼아야 한다.

 새롭게 해야 할 일이 추가되면, 그것을 하기 전에 할 일 목록에 먼저 적어라. 단순히 누군가에게 전화를 걸거나 이메일을 보내야 하는 단순한 업무일지라도 일단 적고 시작하라. 리스트를 만들어 할 일을 적는 습관은 당신이 하루 24시간을 스스로 통제하고 있다고 생각하게 해 줄 것이다. 또한, 리스트에 있는 할 일들을 하나씩 완수할 때마다 V 표시로 지워나가면 일이 잘되고 앞으로 나아가고 있다는 느낌을 받을 것이다. 앞으로 나아가고 있다는 느낌은 당신을 더 긍정적으로 자극하고 동기를 유발할 것이다.

4단계

 일을 시작하기 전에 먼저 할 일들을 중요도에 맞춰서 조직하라. 8:2 법칙을 이용하라. 이는 할 일의 20%가 중요도를 따졌을 때, 전체 성과의 80%를 차지하게 하라는 의미이다. 때로는 9:1 법칙으로 적용할 수도 있다. 때론 하나의 일이 나머지 일들을 전부 합쳤을 때보다 더 가치가 있을 수 있다.

 할 일의 중요도를 정하는 것은 언제나 "재미있고 쉬운" 일들과 "어렵고 해야 하는" 일들 사이의 선택이다. 우리는 항상 이 둘 중에서 "무엇을 먼저 할 것인가?"로 고민에 빠진다.

 대부분 사람들은 미래의 성공과 행복에 지대한 영향을 끼칠 수 있는 일들을 미루는 경향이 있다. 자연스러운 현상이다.

 일을 시작하기 전에 내가 소개하는 목록을 작성하는 **ABCDE** 방법을 한번 사용해보라.

A = 반드시 해야 할 일. 당신의 분야에서 최고의 위치에 서고 성공하기 위해서 반드시 해내야 하는 일들이 여기에 속하는 일들이다. 이 일들을 제대로 해내지 못하면 미래에 심각한 결과를 초래할 수도 있다.

B = 언젠가는 해야 할 일. 하지 않으면 미래에 가벼운 정

도의 불이익을 가져올 수도 있어서 조만간 하는 것이 좋은 일들이 B에 속한다. 여기서 명심할 사실은 A군에 속하는 일들을 끝마치지 않은 상태에서는 절대 B군에 속하는 일을 하면 안 된다는 것이다.

C = **하면 좋은 일**. 친구와 함께 수다 떨기나 SNS를 하거나 혹은 이메일을 확인하는 등 하면 즐겁고 재미있는 일들이 C에 속한다. 하면 재미있고 좋은 일들이지만, 하지 않는다고 해서 나중에 크게 문제가 되지는 않는다. *규칙: SNS를 하는 것은 아무 일도 하지 않는 것과 마찬가지다.*

D = **남에게 맡겨도 될 일**. 사소한 일들은 다른 사람에게 맡김으로써 좀 더 중요한 일에 쓸 시간을 벌 수 있다. 이때 기억할 규칙은 가능한 최대로 많은 일을 남에게 맡기고 남은 시간을 좀 더 중요한 일에 사용하라는 것이다.

E = **하지 않는 일**. 여기에 속하는 일들은 절대 하지 않는 것이 좋다. 더 많은 일을 하기 위해서 효율적으로 시간을 안배해 사용해야 하지만 여기에도 한계는 있다. 모든 사람에게 주어진 시간은 한정되어 있기 때문이다. 자신의 시간을 제대로 관리하기 위해서 어떤 일들은 지금 당장 하는 것을 그만둬야 한다. 여기에서 기억할 규칙은 어떤 일들에 대해서는 그냥 NO! 라고 말하는 것이다.

지금부터 당신의 시간을 무의미하게 좀먹는 활동이나 일은 그냥 하지 마라.

창의적으로 일을 미루는 연습을 해라. 이 말은 즉, 자신에게 가치가 낮은 일이나 활동은 의도적으로 미루라는 의미이다. 의도적으로 이러한 일을 미룸으로써 당신은 더 중요한 일을 하는데 시간을 집중적으로 투자할 수 있다.

일의 우선순위를 정하는 법

우선순위를 정하여 중요한 일과 그보다 덜 중요하고 때론 전혀 중요하지 않은 일을 구별해야 한다. 우선순위를 정하기 전 다음 세 가지 질문들을 자신에게 던져라.

1. 온종일 한 가지 일만 할 수 있다면, 어떤 일을 하는 것이 나에게 가장 가치가 있는가?
2. 내가 할 수 있고, 나만이 할 수 있는 진정한 변화는 무엇인가? 이 일은 오직 당신만이 할 수 있는 일이다. 당신이 할 수 없다면 다른 어떤 누군가도 당신을 대신할 수 없다. 하지만 이 일을 잘 해내면 당신의 경력에 분명 긍정적인 변화가 생긴다.
3. 지금 당장 내 시간을 가장 효율적으로 사용할 수 있는 일은 무엇인가?

성공, 목표에 집중하라!

스스로 위의 세 가지 질문에 묻고 답함으로써 당신은 뛰어난 시간 관리자로 성장할 수 있다. 스스로 가장 중요한 일 한 가지를 선택하여 실행에 옮길 수 있는 능력은 당신이 앞으로 이룰 성취와 성공에 주요 변수가 될 것이다.

한 번에 하나씩 집중하는 것을 연습하라

ABCDE 방법을 사용해 우선순위를 매겼다면, 이제 가장 중요한 일 하나를 골라 오늘 아침부터 당장 실행에 옮겨라. 다른 어떤 일들보다 이 일을 가장 먼저 해야 한다.

가장 중요한 일 한 가지에 몰입하여 그것이 100% 완료될 때까지 물고 늘어지는 능력, 즉 한 번에 한 가지씩 집중하는 능력이 시간 관리에서 가장 필요한 조건일 것이다. 한 번에 한 가지를 정해 일이 끝날 때까지 밀고 나가는 능력을 갖추기 위해선 엄청난 정신력과 결의 그리고 스스로에 대한 자제

력을 기본으로 갖추고 있어야 한다. 성공하는 사람들은 모두 이 기본 요소들을 갖추고 있던 이들이다.

계속하라

사람들이 이루어내는 위대한 업적과 성취에는 피나는 노력이 선행된다. 성공을 맛보기 전 짧게는 몇 주 혹은 수개월에서부터 길게는 수년간 몰입하여 준비하는 기간이 있다. 모든 성공의 뒤에는 그전까지 아무도 알아주지 않았던 수백 수천 가지의 작은 노력이 한데 모여있다.

헨리 워즈워스 롱펠로Henry Wadworth Longfellow는 이런 말을 했다.

"위대한 사람들은 하루아침에 지금의 자리까지 올라간 것이 아니라 다른 동료들이 잠을 자고 있을 때 끊임없이 보이지 않게 노력했기 때문에 그 자리에 있는 것이다."

간단히 말해, 성공은 임무를 시작해 끝까지 완수해내는 능력의 결과이다. 인생에서 일을 부분적으로 완료하는 것으로는 어떤 보상도 받지 못한다. 심지어 당신이 일의 95%를 달성했더라도 그 일은 아직 미완료 단계에 있는 것이다. 자신의 시간을 제대로 관리할 줄 아는 능력과 일을 시작해 처음부터

성공, 목표에 집중하라!

끝까지 완수하는 능력을 갖추고 있다면 사람들은 무슨 일이 있을 때마다 당신을 찾게 될 것이다. 당신은 사람들에게 일종의 해결사로 떠오를 것이다.

성공하기 위해 가장 필요한 능력 중 하나는 어떤 일에 있어서만큼은 *당신에게 의존할 수 있다는* 것이다. 당신을 아는 주변 사람들이 당신에게는 무슨 일을 맡겨도 정해진 기간 안에, 주어진 예산에 맞추어, 높은 수준으로 완성할 것이라고 알게 하는 것이다. 이것이 궁극적인 목적이고 명확성, 집중, 몰입의 혜택이다. 그리고 인생에서 과녁의 정중앙을 맞히는 비결이다.

"모든 일은 그것이 쉬워지기 전까지 어렵기 마련이다."
-요한 볼프강 폰 괴테

CHAPTER 5
탁월함의 힘

어떤 일에서 남들보다 탁월할 때, 당신은 진정한 성공과 행복을 맛보게 될 것이다. 당신이 남들보다 탁월하게 잘할 수 있는 일은 무엇인가?

개인의 성공에 관한 연구를 막 시작했을 때, 나는 우연히 자아존중심리학의 세계에 발을 들이게 되었다. 심리학에 따르면 자신을 좋아하는 정도인 자신감이 인생에서 일어나는 거의 모든 일에 영향을 미친다고 한다.

자신을 좋아하는 것

자신감이 높아질수록 자신에게 거는 기대감이 높아지게 되고, 그에 따라 더 높은 목표를 세워 그 목표를 향해 끈질기게 나아가려는 성향이 생긴다. 자신감이 높은 사람은 신체적으로, 정신적으로, 또한 감정적으로 더 건강하고 행복할 수 있다. 자신감이 높은 사람은 다른 사람들에게 더 관대해지고 다른 사람들도 그에게 유독 더 관대해지는 경향이 있다. 자신감이 높아질수록 당신은 더 많은 에너지와 더 강한 면역체계를 갖게 된다. 자신감이 높아지면 당신은 인생의 모든 부분이 더 나아지는 것을 경험하게 될 것이다.

동전의 양면과도 같이 자신감의 이면에는 자기효능감이라는 감정이 있다. 자기효능감은 자신감과 스스로에 대해 느끼는 이미지인 자아상을 결정하는 데 지대한 영향을 미친다. 자기효능감은 어떤 일을 하는데 스스로가 유능하다고 느끼는 정도로 정의할 수 있다.

역자주) 자기효능감(自己 效能感, self-efficacy) : 특정한 문제를 자신의 능력으로 성공적으로 해결할 수 있다는 자기 자신에 대한 신념이나 기대감이다. 높은 자기효능감은 과제에 대한 집중과 지속성을 통하여 성취 수준을 높일 수 있다. 그 결과 긍정적인 자아상(self-image)을 형성하는 데 도움이 된다. (특수교육학 용어사전, 2009., 국립특수교육원)

스스로 유능하다고 생각하는 것

자신감과 자기효능감은 서로가 서로에게 자양분이 되는 감정들이다. 자신감이 높아지면 자기효능감도 높아지고, 반대로 자기효능감이 높아지면 자신감도 함께 높아진다. 높은 자신감을 느끼고 있다면 당신은 모든 일을 지금보다 더 나은 수준으로 해낼 수 있다. 지금보다 더 나은 수준으로 모든 일을 유능하게 해낸다면 당신은 자신을 자랑스럽게 생각하여 이전보다 자신감 또한 더욱 높아질 것이다. 자기효능감과 자신감은 서로가 서로에게 자양분 역할을 한다. 자신감이 높아질수록 모든 일에 지금보다 유능해지고 스스로 만족하게 된다.

모든 사람은 각자 잘하는 것이 반드시 하나 이상 있다. 당신이 앞으로 해야 할 일은 우선 스스로가 잘할 수 있는 분야를 찾고 그 다음 전력을 다해 그 분야에서 최고가 되기 위해 노력해야 한다.

상위 20%

내 나이 스물넷에 나는 구멍 난 신발을 신은 채 무일푼으로 전전긍긍하고 있었다. 그러다 수당제 세일즈맨이 되었고 물건을 팔기 위해 집집마다 돌아다니며 문을 두들겼다. 물건을 팔지 못하는 날엔 식사도 제대로 하지 않았다. 그렇게 몇 달을 버티던 어느 날, 세일즈계에서 소문난 베테랑 한 명이 던져준 통계가 내 인생을 송두리째 바꿔버렸다.

그는 말했다. "자네, 그거 아는가? 세일즈맨의 상위 20%가 전체 수익의 80%를 가져간다네. 어디든지 이건 마찬가지겠지만 말이야."

그 당시의 나로선 처음 듣는 이야기였다. 그 말을 듣는 즉시 이렇게 생각했다. 만일 대부분의 수입을 상위 20%가 가져간다면, 나 또한 그 20% 안에 들어야겠다고 말이다. 그 결심이 오늘의 나를 있게 만들었다.

당신도 할 수 있다

하지만 곧 내 생각이 착각이 아니었나 싶은 환멸과 함께 좌절감이 나를 찾아왔다. 나는 고등학교도 채 졸업하지 못했고 지난 몇 년간 육체노동일만 전전해왔다. 나는 단 한 번도 어떤 일을 잘 해본 적이 없었다. 좋은 성적을 받은 적도 없었고, 중고등학교에 다니면서 운동부에 발탁될 만큼 운동을 잘해본 적도 없었다. 심지어 집집마다 물건을 팔러 다니는 방문판매일도 그다지 잘하는 편이 아니었다.

나의 분야에서 상위 20% 안에 들어야겠다는 야망은 있었으나, 정작 단 한 번도 어디서든 상위 20% 안에 들어본 적이 없었다.

누구든지 시작은 미약하다

얼마 뒤 아주 중요한 교훈을 얻게 되었고 그것이 내가 맛본 좌절감과 낮은 자신감을 극복할 수 있는 계기를 마련해주었다. 그때 내가 배웠던 것은 상위 20% 안에 드는 모든 사람이 처음에는 하위 80%에서부터 시작했다는 사실이다.

처음부터 일을 잘했던 사람은 없다. 인생이라는 뷔페에서 여러 음식을 맛보는 모든 사람이 처음엔 맨 뒷줄에서 자신의 차례가 오기를 기다린다. 각 분야에서 최고의 자리에 오른 사람들이 처음부터 다른 사람들에게 인정을 받고 지금처럼 경험이 많았던 것은 아니다.

"백만장자 시크릿"의 저자 하브 에커T. Harv Eker가 말한 대로, **"대가들도 한때는 풋내기였던 시절이 있었다."**

숫자의 의미

한 대형 보험회사에서 5,000명 직원을 대상으로 그들의 수입을 조사해 정말로 8:2 법칙이 적용되는지 확인한 적이 있다. 조사결과 8:2 법칙은 실제로 존재했다. 직원 중 상위 20%가 매년 전 직원 수입의 80%를 가져갔다.

실제 조사에서 나온 결과는 매우 놀라웠다. 상위 20%가 벌어들이는 수입 평균은 하위 80%가 벌어들이는 수입 평균의 무려 16배에 달했다. (의심스러우면 실제 계산을 해보라)

1% vs. 99%

1% 대 나머지 99%에 관한 이론은 수년간 사람들 사이에서 논쟁의 대상이었다. 어떤 사람들은 우리 사회의 상위 1%가 나머지 99%보다 더 많은 수입을 벌어들인다고 말한다. 그러나 연구 결과를 살펴보면, 실제로는 상위 3%가 나머지 97%보다 많은 수입을 가져가는 구도라는 것을 확인할 수 있다.

나머지 97%보다 더 많은 수입을 올리는 3%의 사람들은 자신들의 목표를 종이에 적어두고 목표를 실현하기 위해 매일 무언가를 하는 이들이다. 그들은 노력의 결과로 전체 97%의 수입을 전부 다 합친 것보다 많은 수입을 벌어들인다.

2:8 법칙은 이보다는 양호한 편이다. 2:8 법칙이란 모든 분야에서 상위 20%의 사람들이 전체 수익의 80%를 가져간다는 것이다.

당신이 해야 할 질문

당신이 해야 할 질문은 부의 분배에 관한 것이 아니다. 진짜로 해야 할 질문은 이것이다. '만약 모든 사람이 처음에는 거의 아무것도 없이 제한된 교육, 기술, 돈을 가지고 시작했을 때, 어떤 이유로 누군가는 같은 조건으로 시작했던 다른 누구보다 적게는 열 배에서 많게는 스무 배에 달하는 수입을 벌어들이고 또 누군가는 그렇지 못한 결과를 낳는단 말인가?' 여기서 전제는 모든 사람이 같은 수준의 지능과 교육, 인맥, 그리고 기회를 가졌다는 것이다.

AP 통신에서 진행한 연구에 따르면, 포춘지 선정 500기업의 CEO들은 일반 사원들보다 평균적으로 257배에 달하는 수입을 가져갔다. 같은 출발 선상에서 출발한 사람들 중 어째서 누군가는 CEO가 되어 다른 사람의 257배에 달하는 수입을 벌어들일 수 있단 말인가?

답은 간단하다

거기에 대한 대답은 간단하다. 고수익을 올리는 사람들일수록 그들은 자신들이 하는 일 중 가장 중요하다고 생각되는 일을 달성하고 또 그 일을 남들보다 잘하기 위해 많은 시간을 투자했기 때문이다. 그리고 회사에서 그 일에 능숙한 이들을 원했기 때문이다.

이는 소득 불평등이 그냥 생겨나는 것이 아님을 말해준다. 자신이 얼마를 벌어들이는가는 결국 스스로 만들어낸 결과이다. 당신이 얼마를 버는가는 당신이 지금 어떤 일을 하느냐에 달려있다. 당신이 끊임없이 자신만의 기술을 갈고 닦고, 주어진 업무를 남들보다 뛰어나게 잘하게 된다면 사람들은 당신에게 기꺼이 더 많은 돈을 지급하려고 할 것이다.

소득격차와 기술격차

1992년 노벨 경제학상을 받은 시카고대학의 게리 베커Gary S. Becker는 미국사회에서 임금 격차보다 더 심각한 문제가 기술격차라고 주장했다. 시장에서 수요가 발생하는 기술을 가지고 있는 사람들은 언제나 쉽게 고용이 되고 많은 임금을 받는다. 반면, 기술이 없는 사람들은 고용되기가 쉽지 않고 고용이 되더라도 더 적은 돈을 번다는 것이 그의 설명이다.

오늘날 대학에서 과학, 기술, 공학, 수학을 전공한 졸업생들은 대기업에서 줄을 서서 데려갈 정도로 시장에서 수요가 많이 발생한다. 그리고 대게 초봉으로 1억 이상의 연봉을 약속 받는다. 그 외 인문학을 전공한 대학생들은 출발선부터 훨씬 낮은 연봉을 받고 사회생활을 시작한다.

높은 수입을 받기 위한 비결

플로리다 주립대학의 에릭슨Anders Ericsson박사는 엘리트 연구의 주요 권위자이다. 그는 25년 동안 고수익을 올리는 관리직급의 사람들을 대상으로 그들의 경력을 연구했다. 연구에 따르면, 고수익을 올리는 사람들은 대게 의도적 관행에 몰두해 있었다.

여기서 말하는 의도적 관행이란 고수익을 올리는 사람들이 분명한 의도를 가지고 한 번에 하나의 기술을 연마하는 데 집중한다는 것이다. 새로운 기술을 하나씩 배울 때마다 그것들이 기존에 가지고 있던 기술과 융합되면서 그들의 인적 가치는 더욱 높아졌다. 높아진 인적 가치 덕분에 그들은 같은 선상에서 출발했던 다른 동료들보다 10배, 20배, 100배 그리고 257배 많은 수입을 벌어들일 수 있었다.

성장실패

에릭슨 박사에 따르면 하위 80%에 속하는 사람들도 입사 후 처음 1년간은 회사에서 필요한 기술과 비법을 익히는 데 노력을 기울인다. 그러다 점차 그들은 노력을 게을리하기 시작하고 모든 일을 단순히 남들이 하는 만큼 적당히 하기 시작한다. 그리고 다시는 스스로 발전하려고 노력하지 않는다. 더는 책을 읽거나 라디오를 듣지도 않고 추가로 업무에 필요한 뭔가를 배우기 위해 수업을 듣는 것도 하지 않는다. 그들의 역량은 끝내 발전하지 않고 정체되기 시작하는 것이다.

그렇게 10년이 흐르고 역량이 정체된 직원들은 입사 후 1년이 지나기 전보다 생산성이 떨어지게 된다. 그들이 받는 연봉은 결국 그들의 생산성과 직결된다. 회사에 고용되어 있는 한 그들의 수입은 물가상승률을 고려했을 때 매년 평균적으로 1%씩 올라간다.

고수입자들

그러나 상위 20%에 속하는 사람들은 지속해서 배우고 그들의 업무역량을 성장시킨다. 그들은 평균적으로 매년 11%의 임금상승률을 경험한다. 임금이 매년 11%씩 증가한다면 6.5년을 기준으로 임금은 지금의 두 배가 된다.

같은 속도로 임금이 계속 상승한다면, 처음 입사했을 때 연봉으로 5,000만 원을 받던 직원은 20년 안에 4억 이상의 연봉을 받게 된다. 누군가 얘기한 것처럼 "우주에서 가장 강력한 힘은 복리(複利)"니까 말이다.

소득을 올려라

자, 이제 당신의 경력에서 어떻게 하면 더 높은 수익을 지속해서 올릴 수 있는가? 정답은 간단하다. 그리고 25년간의 연구가 이를 뒷받침하는 근거이다. 많은 사람이 이미 알고 있는 사실이기 때문에 일부러 말하는 것도 조금은 부끄러운 생각이 든다.

그것은 당신이 무엇을 하든 한 번에 한 걸음씩 내딛는 것이다. 한 번에 하나의 기술을 연마하라. 당신의 경력에서 언제든지 가장 도움이 될만한 기술을 단 하나만 제대로 익혀도 당신은 같은 일을 하는 다른 사람들보다 더 많은 수입을 벌게 될 것이다.

앞으로 이 질문에 적절히 대답할 수 있느냐가 당신의 성공과 실패 그리고 수입을 결정할 것이다. *내가 남들보다 뛰어나게 잘하는 경력 전반에 가장 긍정적인 영향을 미칠만한 일 또는 기술이 무엇인가?*

마법 지팡이를 이용하라

당신이 마법 지팡이를 휘둘러 하룻밤 새에 당신이 속한 분야에서 도움이 될만한 한 가지 일에 능통할 수 있다고 상상해보라. 어떤 기술을 습득했을 때 당신은 지금보다 두 배 이상의 수입을 얻을 수 있겠는가? 어떤 기술을 배움으로써 당신은 지금보다 더 나은 업무성과를 올릴 수 있겠는가? 어떤 기술이 당신이 속한 분야에서 최고가 될 수 있는 속도로 가속할 수 있는가?

이 질문들에 제대로 대답하기 위해 당신에게는 다음의 세 가지 요소가 필요하다: **명확성, 집중력, 몰입**. 우선 당신에게 가장 도움이 될만한 기술은 무엇인지 명확히 알아야 한다. 그리고 그 기술을 익히기 위해 온 정신을 집중해야 한다. 적어도 일주일에 5일 동안 하루에 2시간씩은 해당 기술을 익히는 데 몰입해야 한다. 때로는 이보다 더한 시간과 노력이 투입되어야 할 수도 있다. 당신이 꾸준히 이렇게만 한다면 당신의 미래는 이미 보장된 것이나 다름없다.

현재상황을 분석하라

당신의 인생에서 가장 달성하고 싶은 주요 목표를 떠올려 보라. 그리고 이렇게 물어라. 만약 *내가 지금 당장 한가지 기술을 익힐 수 있다면 어떤 기술을 익히는 것이 나의 주요 목표를 달성하는 데 가장 도움이 될 수 있겠는가?*

사람들에게 동기부여의 강연을 하는 레스 브라운Les Brown 은 이렇게 말한다. "당신이 이제껏 성취하지 못한 것을 성취하려 한다면, 먼저 지금과는 다른 사람이 되어야 한다."

우리는 이 말을 **"이제껏 성취하지 못했던 목표를 성취하기 위해서, 지금과는 다른 기술을 개발해야 한다."**로 표현할 수 있다.

기술을 개발하는 것

어떻게 사다리를 오르는가? 한 번에 한 걸음씩 올라갈 것이다. 사다리를 오를 때, 당신의 왼손과 왼발은 지식이고 당신의 오른손과 오른발은 기술이라고 생각해보라. 성공이라는 사다리를 오르기 위해서 당신에겐 양손과 양발이 모두 필요하다. 사다리를 오를 때 한 손과 한 발을 이용해 한 걸음을 떼는 것처럼 성공의 사다리를 오르기 위해 당신에게 필요한 것은 한 손의 지식과 한 발의 기술이다.

사다리의 가로대를 당신의 능력에 비유한다면, 사다리를 하나씩 오를 때마다 당신의 수입과 당신이 회사에서 차지하는 입지는 오름세를 탈 것이다.

당신이 한 번에 하나씩 새로운 기술을 계속 개발한다면, 회사는 당신을 가치 있는 인재로 인식할 것이고, 당신의 회사와 경쟁회사들은 앞다투어 당신에게 더 많은 돈을 줘서라도 당신에게 일을 시켜 성과를 내고자 할 것이다.

계속 배우고 성장하라

당신은 경력에 도움이 되는 핵심 기술을 연마했다. 그런 다음엔? 다음에 할 수 있는 일은 무엇인가? 간단하다. 다시 자신에게 이렇게 물어라. *나의 경력에서 앞으로 나아가는 데 필요한 기술로 또 어떤 것이 있는가?*

습득할 기술을 정했으면, 계획과 함께 목표를 세워라. 나를 주어로 하는 긍정적 표현으로 현재시제로 작성해 종이에 옮겨 적어라. 그리고 거기에 마감기한을 부여하라.

예를 들어, 이렇게 적어볼 수 있다. "나는 몇월 몇일까지 이 기술에 완전히 통달해 있다."

탁월함을 위한 계획을 세워라

스스로 정한 기술을 습득하기 위해 당신이 할 수 있는 일들을 모두 적고 그것들을 이용해 목록을 만들어라. 순서와 중요도에 따라 그 목록을 작성하라. 이제 당신은 계획표를 가지게 되었다. 그리고 마지막으로 매일매일 작성한 계획표에 따라 무엇이든 실행에 옮겨라.

놀랍게도, 당신이 한 가지 기술을 습득하는 데 집중하여 스스로 발전시키면 자연스럽게 당신이 가지고 있는 다른 기술들도 함께 발전한다. 평생 배우는 사람이 되기로 하면 당신은 시간이 지나면서 당신의 분야와 연계된 다른 분야에서 끊임없이 배우고 스스로 발전시키는 자신을 발견하게 될 것이다.

지속적 발전

"CANEI: 지속적이고 끝이 없는 배움"이란 말을 가슴에 새기고 평생학습의 길을 걸어라.

지속적으로 Continuous
그리고 And
끝없이 Never-Ending
개선하라 Improvement

발전하는 것을 멈추지 마라. 일을 효율적이고 또 효과적으로 해낼 수 있는 새로운 방식을 끊임없이 찾아라. 당신의 정신에 새로운 아이디어와 방법 그리고 기술들로 계속 자양분을 줘라. 당신의 경력은 새로운 것을 배우고자 하는 의지와 태도에 달려있다.

모든 기술은 습득할 수 있다

남보다 어느 한 분야에서든 뛰어나기 위해 명심해야 할 두 가지가 있다. 첫 번째로는 모든 기술은 배워서 습득할 수 있다는 사실이다. 당신의 경력에서 성공하는 데 필요한 모든 기술은 필요에 따라 충분히 배울 수 있다. 배우는 데에 한계란 없다.

두 번째로, 당신은 업무의 생산성, 성과, 결과 및 수입을 향상하기 위해 절대적으로 필요한 기술 한 가지만 제대로 익혀도 된다. 때로 한 가지 기술만 배워도 그 기술이 기존에 가지고 있던 기술들과 합쳐져 당신의 가치를 더욱 높여줄 수 있다. 당신은 새로 배운 지식이나 기술을 통해 남과 다른 생각을 하거나 성과를 내 현재의 당신보다 더 나은 사람이 될 수 있다. 당신에게 그런 기회를 가져다 줄 기술이 있다면 그것은 무엇이겠는가?

어떤 일에서 남들보다
뛰어나게 될 때,
당신은 진정한

성공과 행복을
맛보게 될 것이다.

CHAPTER 6
인간관계의 힘

　당신이 아는 사람들 그리고 당신을 알고 있는 사람들과의 보이지 않는 관계가 성공의 디딤돌로 작용할 수 있다. 앞으로 삶의 질은 관계의 질 곱하기 관계의 수량으로 계산한다고 생각하라. 즉, **관계의 질**(QR: Quality of Relationships) × **관계의 수량**(QR: Quantity of Relationship) = **삶의 질**(QL: Quality of Life)의 공식이 성립하는 것이다.

　이제 당신은 스스로 인생에서 중요하다고 여기는 가치와 목적, 사명, 목표 및 우선순위를 명확히 알고 있다. 지금부터는 목표를 이루기 위해 도움을 줄 수 있고 당신과 협력할 수 있는 사람들의 명단을 쭉 나열해보라.

명단을 작성하라

　우선 당신의 가족과 친구들을 적어라. 그 다음으로 직장상사와 동료들을 적어라. 외부업체의 직원들, 은행, 공급업체

등 당신에게 도움을 줄 수 있는 사람들을 가능한 한 많이 적어라. 늘 강조하지만, 생각은 머리에 하는 것이 아니라 종이에 하는 것이다.

사람들과 대화 도중 그들이 좋아하는 라디오 채널에 관한 이야기가 나오면 어떤 질문을 스스로 던져볼 수 있는가? '내가 관심 있을 만한 정보는 무엇인가?' 하고 질문해 볼 수 있다.

당신이 만약 세일즈나 창업분야에 뛰어들었다면 위의 질문을 어떻게 바꿔볼 수 있는가? '나의 고객이 관심 있을 만한 정보는 무엇이 있을까?' 로 바꿔볼 수 있다.

오늘날과 같은 무한경쟁 시대에 고객의 관심을 붙들어 두는 것은 쉬운 일이 아니다. 당신이 보내는 메시지에 고객이 내줄 수 있는 관심은 한정되어 있다. 이때 당신은 '얻기 위해 먼저 주는' 전략을 취해야 한다.

"얻어내는 사람"이 되기 전에 "주는 사람"이 먼저 되라.

거두기 전에 먼저 심어라

돈, 지위, 명예 그리고 성공과 관련해 우리는 사회에서 두 종류의 사람을 볼 수 있다. 첫 번째는 다른 사람들을 자신의 이익을 위해 이용할 수 있는 도구로 본다. 이들은 다른 사람들을 자신의 입맛대로 조종하려는 경향이 있다.

두 번째는 다른 사람들을 고유한 인격체로 보려 한다. 그들은 사람마다 나름의 가치관이 있고 제각기 다른 성격과 욕구를 지니고 있다는 사실을 이해한다. 그리고 다름이 모두에게 고유한 개성을 부여한다고 생각하는 경향이 있다.

첫 번째 부류에 속하는 사람들은 새로운 사람을 만날 때마다 속으로 이런 질문을 던진다. '이 사람으로부터 내가 무엇을 얻어낼 수 있는가?'

최고의 위치에 있는 사람처럼 생각하라

어떤 분야에서든 최고의 위치에 서 있는 사람들은 남과 다르게 생각한다. 그들은 새로운 사람을 만날 때 속으로 이런 질문을 던진다. '이 사람이 원하고 필요한 것을 내가 어떻게 하면 줄 수 있을까? 그렇게 하면 이 사람과의 관계를 앞으로도 좋게 유지할 수 있을 텐데…'

인생의 전환점을 맞을 때, 당신이 서 있는 그 자리에 어떤 사람이 있을 것이다. 삶

을 되돌아보면 10대 시절부터 지금까지 잊고 지내는 누군가가 지금의 당신을 있게 했다는 사실을 깨닫게 될 것이다. 알게 모르게 당신이 지금껏 만나왔던 사람들은 당신의 삶 곳곳에서 많은 영향을 미쳤다.

인간관계를 규칙적으로 관리하라

우리가 앞에서 살펴보았던 확률의 법칙을 따졌을 때, 가능한 한 많은 수의 그리고 다양한 분야에 있는 사람들과 정기적으로 교류하고 관계를 쌓는 것이 훗날 당신에게 큰 자산이 될 것이다.

80%에 속하는 사람들은 대개 더는 오르지 않는 연봉에 고민하고 혹시나 지금 가진 직장에서 잘리지 않을까 노심초사한다. 그들 대부분은 자신들의 삶에 만족하지 못하는 삶을 산다. 그들은 매일 밤 퇴근하면 집에 가서 텔레비전을 보며 무료함을 달래고 항상 만나던 사람들하고만 교류한다.

반면 상위 20%에 속하는 사람들은 끊임없이 새로운 사람과 만날 기회를 찾고 새로운 사람들과 교류하며 사람들에게 도움을 줄 방법이 없는지 고민한다. 먼저 도움을 주는 것이 나중에 훨씬 이익이라는 것을 그들은 알고 있기 때문이다.

한 사람이 변화를 가져올 수도 있다

몇 년 전 나는 한 국내 기업을 대상으로 하는 세미나에서 연사로 출연한 적이 있었다. 내 강연은 아침에 일정이 잡혀 있었는데, 전날 강연을 마친 다른 연사가 일부러 나를 만나고 내 강연을 듣기 위해 거기서의 일정을 하루 연장했다는 소식을 들었다.

당시 나는 왼쪽 발목의 통증 때문에 다리를 약간 절고 있었다. 나를 기다렸던 연사는 그것을 눈치채고 다리에 관해 물었다. 그러고 나서 곧 호텔 방으로 돌아가 알약이 담겨있는 통을 들고 내게 왔다. 그는 알약을 건네며 통증에 조금 효과가 있을 거라고 말했다. 그가 따로 챙겨온 약이었음에도 그는 약을 나에게 주고 내게 행운을 빌어 주었다.

다른 사람들에게 관심을 가져라

무슨 바람이 불었는지 나는 즉흥적으로 그에게 이렇게 물었다. "하시는 사업은 잘되십니까?" 하고 말이다.

그 질문으로 대화의 물꼬를 튼 우리는 이내 앉아서 이야기를 나누기 시작했다. 당시 그는 보스턴 외곽의 매사추세츠에서 한 부동산투자 건으로 골머리를 앓고 있었고 어떻게 하면 투자 건을 잘 마무리 지을 수 있을지 답을 찾지 못하던 상태였다.

우리는 플로리다 주의 포트로더데일에 함께 있었다. 몇 년 전 나는 현재는 코럴 게이블즈에 살지만, 보스턴에서 왔던 한 부동산 사업가와 일을 한 적이 있었던 것을 떠올렸다. 나는 곧바로 수화기를 들었고 그 부동산 사업가에게 전화를 걸어 연사가 처한 상황을 상세히 설명했다.

한 통의 전화

다행히도 그는 연사가 연루되어있던 부동산 투자 건에 대해 아주 잘 알고 있는 사람이었다. 그는 지인들에게 연락을 돌려 연사를 실제로 매사추세츠 지역 개발에 참여하고 있는 사람들과 연결해주었다. 나중에 알고 보니, 연사는 소개해준 인맥의 도움을 받아 투자한 돈을 차환시켜 결국 회수할 수 있었고 경제적 난항을 벗어날 수 있었다.

아무도 모른다

시간이 지나 나는 곰곰이 그날의 사건을 되돌아보았다. 낯선 사람과 잠깐 나눈 대화가 문제 해결의 실마리를 제공해준 것이라는 생각에 미치자 경이로움을 느낄 수밖에 없었다. 그 연사는 내게 발목통증을 완화할 수 있는 약병을 하나 건넸고, 나는 우연히 그가 겪고 있던 문제를 알게 되어 그에게 필요한 사람을 연결해 줄 수 있었다.

여기서 내가 전달하고 싶은 메시지는 누가 언제 당신에게 도움을 줄 수 있는지 판단하기가 결코 쉽지 않다는 것이다. 마찬가지로 당신 또한 누군가에게 도움을 줄 수 있지만, 그것이 언제가 될지는 알 수 없다. 당신이 할 수 있는 일은 단순히 확률의 법칙에 따라 계속 움직이는 것이다. 가능한 한 인간관계를 넓히고 아는 사람을 많이 만들어 두어라. 낚시할 때, 아주 넓은 그물망을 던지는 것과 같은 이치다.

모임에 참석하라

지역사회 동호회나 협회에 가입하라. 정기적으로 모임에 참석하여 사람들과 친분을 쌓아라. 사람들을 만나서 그들이 당신에게 무엇을 해줄 수 있을지 기대하기보다 당신이 그들을 위해 무엇을 해줄 수 있을지 고민하라.

새로운 사람을 만나게 되면 당신에 관한 이야기를 떠들며 명함을 나눠주기보다 그들에 관해 궁금해하며 질문을 던져라. 그들에게 새로운 고객을 데려오기 위해 당신이 알아야 할 것이 무엇인지 마음속으로 염두에 두면서 질문을 해라.

먼저 도움의 손길을 내밀어라

사업 상 필요한 인맥을 쌓기 위한 최상의 방법은 먼저 다른 사람들이 판매율을 높이고 수익을 높일 수 있도록 도움의 손

길을 내미는 것이다. 당신이 베푼 작은 친절이 당신의 인생과 경력에서 큰 전환점을 가져올 때가 있을 것이다.

새로운 사람을 만나면 집에 돌아가는 즉시 그 사람에게 당신의 흔적을 남겨라. 대표적으로 만나서 반가웠으며 상대방과 다시 만나기를 기대 하겠다는 내용의 이메일을 보내는 방식이 있다. 이메일을 보낼 때 흥미로운 소재나 도움이 될 만한 정보를 담고 있는 기사를 첨부하라. 더 좋은 방법은 이런 모든 내용을 손편지로 적어 보내는 것이다.

모든 것은 작은 씨앗에서부터 시작한다

오래 전 한 대기업 사장이 쓴 칼럼을 한 편 읽었었다. 평소 크게 관심이 있던 주제를 다룬 글이어서 읽고 그냥 넘길 수가 없었다. 그래서 곧바로 책상 앞에 앉아 그 사장에게 편지를 썼다. 편지에서 나는 그가 글에서 추천한 사항들에 공감하고 또 언젠가 기회가 되어 만날 수 있으면 좋겠다고 밝혔다.

그로부터 3년 뒤, 한 회의에 참석할 일이 있었는데 그곳에서 우연히 그 사람을 만났다. 우리는 함께 이야기를 나누기 시작했고 시간이 지나 점심과 저녁식사를 같이 하기로 했다. 그날 이후 우리는 둘도 없는 친한 친구가 되었고 이제는 25년간의 우정을 소중히 간직하고 있다.

성공법칙

내가 가장 좋아하는 성공법칙은 "상대에게 바라지 않고 나의 것을 아낌없이 주면 예상치 못한 순간에 결국 나에게 되돌아 온다."이다.

다른 사람에게 친절을 베풀 때, 어쩌면 그 사람을 두 번 다시 보지 못할 수도 있다. 그러나 신비한 우주의 힘에 이끌려 언젠가는 당신이 필요로 할 때 누군가의 도움을 받게 될 수도 있다.

성경에서는 "사람이 무엇을 심든지 그것을 그대로 거두리라."고 밝혔다. 즉, 뿌린 대로 거두게 된다.

누군가에게 도움, 우정, 친절, 배려라는 씨앗을 심는 것이 당신이 해야 할 몫이다. 씨앗을 심고 나서 그것이 당신에게 어떤 결실을 가져다 줄지 고민할 필요는 없다. 당신이 할 일은 오직 씨앗을 잘 심는 것 뿐이다. 나머지 뿌린 씨앗을 거두게 하는 것은 신의 몫이다. 당신의 몫은 씨앗을 뿌리는 그 순간 끝나는 것이다.

모두가 자신을 중요한 사람으로 느끼게 하라

전 세계적으로 가장 성공한 다단계 화장품 업체인 메리케이Mary Kay Cosmetics의 창립자 메리 케이 애쉬Mary Kay Ash는 아주 유명한 말을 남겼다. 그녀는 모든 사람의 목 부근에는

"나를 중요한 사람처럼 느끼게 해주세요."라는 표식이 있다고 했다.

이것이 그녀가 다른 사람들과 항상 좋은 관계를 유지하는 비밀이다.

9가지의 현명한 전략들

인생에서 새로운 사람을 만날 때마다 당신이 취할 수 있는 9가지 전략을 소개하려고 한다. 이 9가지의 전략들만 제대로 연습해도 당신의 인간관계는 물론 삶의 질이 놀라운 정도로 높아질 것이다.

1. **다른 사람이나 그들의 행동에 대해서 결코 비난하거나 불평하지 마라.**

 당신의 기준에서 인정할 수 없는 행동을 누군가 하더라도 그것을 입 밖으로 표현하지 말고 속으로만 생각해라. 프랭크 시나트라Frank Sinatra가 노래한 것처럼 "친절한 말투로 할 수 없는 말이라면 그것이 어떤 말이든 하지 않는 편이 나아요."가 나의 조언이다.

 대부분 사람들의 대화는 부정적으로 흐르는 경향이 있다. 사람들은 삶의 많은 부분에 불만족하고 불평불만을 늘어놓는다. 그들은 자신에게 피해를 주거나 문제를 일으키는 사람이나 상황을 자주 비난한다. 자신들이 동의하지 않는 것들에 대해 비난하며 부정적인 말을 일삼는다.

다른 사람들이 하는 부정적인 대화에 가담하지 마라. 다른 사람들이 부정적인 말을 일삼을 때 당신이 반드시 함께 할 필요는 없다. 조용히 듣고 있다가 빠져 나와라. 이미 잘 타고 있는 불에 굳이 장작개비 하나를 더 보탤 이유는 없다.

2. 유쾌한 사람이 되라.

진정으로 유쾌하고 친절한 사람들은 어딜 가나 사람들로부터 인기를 한 몸에 받는다. 이런 사람들은 누군가에게 마음에 들지 않는 것이 있어도 그것을 곧바로 표현하지 않는 대신 상대방의 처지를 이해하려는 노력을 하며 질문을 던진다. 이런 사람들은 언제나 기운이 넘치고 주변을 기분 좋게 하는 힘이 있다.

종종 다른 사람들과의 견해 차이로 불화를 겪거나 논쟁이 불거지는 상황이 올 수 있다. 그러나 논쟁 대부분은 그다지 중요하지 않은 부분에서 일어난다. 논쟁이 일어나면 스스로 한 번 물어보아라. "이 논쟁을 하는 것이 이 시점에서 중요한 것인가?"하고 말이다.

논쟁을 하는 것 자체가 그다지 중요하지 않은 것이

라는 판단이 들면, 상대방에 맞춰 동의를 해줘라. 늘 활력이 넘치고, 열린 마음으로 다른 사람에게 친절히 해라. 다른 사람이 주변에 머물고 싶은 사람이 되라. 사람들은 긍정적인 이들의 주변에 모이기 마련이다.

3. **받아들이는 연습을 해라.**

모든 사람은 다른 사람들에게 아무 조건 없이 받아들여지고 싶은 욕구가 마음 속 깊이 존재한다. 다른 사람을 만날 때마다 받아들여지는 느낌을 받게 할 수 있다면, 당신으로 인해 사람들의 자아상은 좀 더 긍정적으로 변하고 자신감은 상승하게 될 것이다. 누군가에게 받아들여지면 스스로 더욱 관대해지는 것이 사람이다. 그렇게 되면 사람들은 당신을 더욱 존중하고 좋아할 것이다.

그렇다면 어떻게 다른 사람들에게 받아들이는 것을 표현할 수 있는가? 방법은 간단하다. 그저 웃어라. 다른 사람을 향해 미소 지을 때, 누군가에게 받아들여진다는 감정과 함께 자신의 가치를 인정받는다는 느낌을 주게 된다. 미소를 지으면 상대방은 자신이 매력적이고 중요한 사람이라는 느낌을 받게 된다. 그런 느낌은 그들의 자신감을 높여주게 된다. 미소 하나만 있으면 모든 것이 해결된다.

4. 감사를 표현해라.

다른 사람이 당신과 함께 있을 때 자신감이 높아지고 스스로가 중요한 사람이라는 느낌을 받게 할 수 있는 또 하나의 효과적인 방법은 감사하는 마음을 표현하는 것이다. 작건 크건 상대방이 당신에게 호의를 베풀었다면 그것에 대한 감사를 표현하라.

어떻게 감사를 표현할 수 있는가? 여기서도 방법은 간단하다. 그저 고맙다는 말을 해라. 주변 사람들에게 그들이 하는 행동이나 일에 대해 고맙다는 말을 하는 것으로 감사를 표현하면 된다.

당신이 누군가에게 고마워할 때 상대방은 뿌듯함을 느낀다. 그리고 결과적으로 상대방은 고마움을 표현하는 당신에 대해서도 좋은 감정을 갖게 될 것이다. 게다가 당신이 고마움을 표현하면 상대방은 당신이 감사하는 행동을 더 자주 하게 하려고 할 것이다. 긍정강화 작용의 목적으로 당신이 특정 행동을 할 때 누군가가 고마움을 느끼고 긍정적인 반응을 보인다면 당연히 무의식적으로 긍정적인 반응을 끌어내고자 특정 행동을 반복적으로 하게 된다.

5. 존경을 표현하라.

에이브러햄 링컨Abraham Lincoln은 "모든 사람은 칭찬을 좋아한다."고 말했다. 다른 사람에게서 좋은 면을 찾아 그것을 칭찬하고 존경을 표하라. 상대방이 그 날 입은 옷이나 액세서리 혹은 머리스타일에 대해 칭찬을 할 수 있다. 집이나 자동차 혹은 개인 소지품을 가리키며 칭찬을 하는 것도 좋은 방법이다. 혹은 상대방이 이루어낸 성취나 일에 대해 칭찬할 수도 있다.

당신이 누군가를 칭찬할 때마다 그 사람은 스스로 더 가치 있고 중요한 사람으로 여기게 된다. 그렇게 되면 당신은 결과적으로 사람 하나를 얻게 된다. 칭찬을 받은 사람은 자신을 인정해주는 당신에게 호의적이고 협조적인 태도를 보일 것이다. 언제나 상대방에게서 칭찬할 거리를 찾아낼 수 있다. 찾아보면 칭찬할 거리는 어디에나 있기 때문이다.

6. 인정을 표현해라.

누군가를 칭찬하고 인정하는 것은 인간 본연의 인정을 받고 싶은 욕구를 충족시켜준다. 칭찬하면 상대방의 자존감이 곧바로 올라간다. 동시에 상대방은 당신에 대해서도 호감을 느끼고 존경심을 나타낼 것이다.

눈에 띄지 않는 일이더라도 어떤 일을 제대로 해내면 그의 공로를 인정해라. 당신이 보기에 긍정적인 결과 혹은 좀 더 생산적인 결과를 만들어 내는 일을 하는 모든 사람에게 주기적으로 칭찬해라.

직원들의 사기를 높이는 가장 좋은 방법은 그들이 잘했을 때 지속해서 칭찬하는 것이다. 그러나 반대로 실수 했을 때에는 그것을 비난하거나 불만을 표현하지 마라.

7. 관심을 가져라.

관심을 갖고 누군가의 말을 잘 듣는 것만으로도 당신은 상대방이 자신을 가치 있고 중요한 사람으로 느끼도록 할 수 있다. 상대방의 이야기를 들을 때 상체를 약간 앞으로 숙이고 눈을 마주 본 채 단어 하나하나에 세심한 주의를 기울여라.

이야기를 들을 때 당신의 눈이 마치 상대방의 피부를 태우는 태양광이라고 상상하라. 상대방의 얼굴을 일광욕하듯 당신의 따뜻한 눈빛으로 바라 보라.

효과적으로 상대방의 말에 귀를 기울이기 위해서 당신은 상대방이 말을 하는 도중에 말을 끊거나 멈추게 해서는 안 된다. 상대방이 방금 말한 것을 진지하게 받아들이고 있다는 표시로 말이 끝나면 잠깐 멈추었다가 반응하라.

8. 말의 명확한 의미를 질문을 통해 확인하라.

이해가 가지 않는 부분이나 오해의 소지가 있다고

판단되는 부분이 있으면, 방금 한 말을 "어떤 의미에서" 한 것인지 상대방에게 물어보라. 항상 질문하는 사람에게 대화의 주도권이 있음을 명심하라. 상대방이 하는 말과 관련해 질문하고 그것에 대한 답변을 유심히 듣는다면, 상대방은 당신과 대화하는 것 자체를 편안하게 느끼고 당신을 신뢰할 수 있는 사람으로 여겨 나아가 당신을 긍정적으로 생각할 것이다.

9. **대화를 할 때 당신의 말을 조금 다르게 바꿔서 반응하라.**

이것이 진정한 마지막 듣기 시험이다. 당신이 평상시 하던 말 대신 다른 말로 바꿔 표현을 하면 당신이 제대로 상대방의 말을 집중해서 듣고 있음을 상기시켜줄 수 있다. 인간관계를 넓힐 때 다른 사람들에게 먼저 도움을 주려고 노력하고 동시에 그들이 당신과 함께할 때 스스로 중요한 사람으로 느끼게 한다면, 누구든 당신이 하려는 일을 응원하고 도움을 주려고 할 것이다. 이렇게 함으로써 당신의 과녁 정중앙을 맞힐 수 있고 성취하려는 목적을 이룰 것이다.

QR × QR = QL

관계의 질
(QR: Quality of Relationships)

×

관계의 수량
(QR: Quantity of Relationship)

=

삶의 질
(QL: Quality of Life)

CHAPTER 7
지속의 힘

어떠한 장애와 역경에도 불구하고 끝까지 목표를 향해 나아가는 의지는 당신을 궁극적 성공에 이르게 할 수 있는 보증수표다.

큰 목표를 세운 뒤 곧바로 당신은 길을 방해하는 폭풍우와 거센 바람을 만나게 될 것이다. 큰 목표를 설정하자마자 경험하게 되는 시련과 역경 그리고 예상치 못한 장애물들은 이미 예견된 것들이다. 이것은 흔히 일어나는 일이며 모두 예정되어 있던 일이라는 사실을 명심해야 한다.

목표를 크게 잡아라

어느 날 내 강연회에 참석했던 한 사람은 6개월 안에 현재 수입의 두 배를 벌겠다는 목표를 세웠다. 그러나 그 이튿날 월요일에 출근하자마자 회사가 부도 나서 다른 직원들과 마찬가지로 정리해고 되었다는 사실을 통보 받았다.

그는 이렇게 말했다. "오히려 잘됐군! 수입의 두 배를 벌기로 작정했는데 이제 실업자가 되었네."

며칠 뒤, 그의 부인은 장을 보다 우연히 그녀의 옛 동창과 마주쳤다. 오랜만에 만나 대화를 하던 중 그녀는 동창의 남편이 최근에 사업을 새로 시작했고 회사의 신제품을 판매할 능력 있는 세일즈맨을 영입하려고 한다는 사실을 알게 되었다. 이 이야기를 듣자마자 그녀는 자신의 남편이 세일즈에 탁월한 능력이 있고 마침 지금 일자리를 구하는 중이라고 말했다. 그리고 남편과의 만남을 주선해주길 부탁했다.

뜻밖의 행운

결과적으로 그는 그 주 금요일에 면접을 보았고 일자리를 얻었다. 그 다음 주 월요일 그는 새 직장에서 일을 시작했다. 판매하는 제품 자체도 훌륭했고 회사도 번창하게 되어서 입사한지 두 달 만에, 그는 그의 인생에서 벌었던 돈의 액수보다 두 배 이상을 벌었다.

결국 돌이켜 생각했을 때, 그는 만약 이전 직장을 잃지 않았다면, 새 직장을 얻어 그가 성취하고자 하는 목표를 결코 이루지 못했을 것이라는 사실을 깨달았다. 이와 같은 일은 당신에게도 충분히 일어날 수 있다.

역경을 딛고 일어서라

눈앞에 다가오는 역경에 얼마나 잘 대처하는지가 당신에 대해 많은 것을 말해준다. 예상치 못했던 어려움이 닥쳤을 때 그것을 얼마나 잘 이겨내고 충격을 입었을 때 얼마나 빠르게 원래대로 회복하는가가 당신 성격의 일부를 말해주기 때문이다. 나폴레온 힐Napoleon Hill은 이런 말을 남겼다. **"인간에게 끈기란 강철에게 탄소와 같다."**

극복할 수 없을 것처럼 보이는 문제에 직면하기 전까지 당신은 스스로 어떤 사람인지 제대로 알 수 없다. 그러나 다행히도 신은 우리에게 결코 감당할 수 없는 문제를 던져주지는 않는다.

실패란 존재하지 않는다. 단지 부족한 부분에 대한 반성만이 있을 뿐이다.

성격개발

어쩔 수 없이 다가오는 단기간의 실패나 어려움에 대처하는 데 도움이 될 수 있는 몇 가지 입증된 기술들을 소개하려고 한다. 이 기술들을 잘 활용하면 다가오는 어려움과 여러 장애물에 좀 더 유연하게 대처할 수 있을 것이다.

1. **침착하라.**

    숨을 깊게 들이쉬고 그냥 잠시 휴식을 취해라. 화가 나거나 감정적이 될 때 두뇌의 신피질-생각, 추론, 결정을 담당하는 부분-은 작동을 멈추게 된다.

    화가 나거나 무언가를 걱정하게 될 때는 소뇌의 편도체 부분-본능적 의사결정을 담당하는 부분-이 활성화된다. 편도체가 활성화된 상태에서 당신은 잘못된 결정을 내리거나 잘못된 행동을 할 가능성이 커진다. 그러니 화가 날 때도 침착하라.

2. **사실관계를 파악하라.**

    역경에 부딪혔을 때, 우리는 처음 그것에 압도될 수 있으나 생각만큼 그렇게 나쁜 상황이란 없다. 설사 생각보다 더 나쁜 상황이라 하더라도 상황에 대응하기 전 우선 사실 정보부터 수집하라. 자신에게 질문을 던져라. '정확히 무슨 일이 벌어진 것인가? 이 일이 어떻게 일어난 것인가? 누가 이 일에 연루되어 있는가? 어떻게 확신할 수 있는가?'

    질문들을 던지고 나서 우리는 무언가를 잘못 파악하고 있었다는 사실을 종종 깨닫게 된다. 우리가 알게 된 사실이 어쩌면 진실이 아니거나 부분적으로만 진실일 가능성도 크다.

뛰어난 사람들처럼 질문을 끊임없이 던져봄으로써 당신은 침착성을 유지하며 자기 생각과 감정을 적절히 통제할 수 있다. 화가 난 상태에서 동시에 질문을 던지기란 생각보다 쉽지 않다.

3. 모든 상황에서 좋은 점을 찾아라.

인생에서 당신이 이룬 최고의 성취와 성공도 사실 처음에는 엄청난 양의 스트레스와 불안을 초래하는 장애물과 문제점을 가지고 있었다.

지금까지의 인생을 돌이켜보면 다니던 직장을 잃거나, 애인과 헤어지거나, 혹은 사업에 실패하던 때에도 언제나 그 안에서 배울 점이 분명 있었다는 것을 알게 될 것이다. 잠깐의 실패를 통해 배운 교훈을 토대로 더 큰 성공과 행복을 추구하면 된다.

4. 모든 역경에서 배울 점과 교훈을 찾아라.

모든 위대한 성공의 비밀은 바로 여기에 있다. 역경은 당신을 넘어뜨리기 위해 찾아오는 것이 아니라 당신을 올바른 길로 인도하기 위해 찾아오는 것이다.

앞으로 문제가 발생하면 자신 있게 그 안에 숨어있는 씨앗을 찾는 습관을 길러라. 그 씨앗에는 당신을 더 높은 성공으로 인도해줄 교훈이 담겨 있다.

좋은 점은 반드시 있다

22년간 현대에서 가장 성공했다는 평판을 얻는 500명을 대상으로 인터뷰를 한 뒤 나폴레온 힐은 다음과 같은 결론을 얻었다. "모든 역경과 실패 그리고 고난은 그것과 같은 정도의 혹은 더 큰 이익을 가져다 줄 씨앗과 함께 온다."

당신이 할 일은 그 씨앗을 찾는 것이다. 클레멘트 스톤W. Clement Stone은 어떤 문제에 직면할 때마다 곧바로 "잘됐군!"이라고 말하며 문제를 대수롭지 않은 것으로 치부하곤 했다. 그리고 나서 곧 사람들과 머리를 맞대고 문제에서 찾을 수 있는 좋은 점들을 찾는데 착수했다.

주목할 만한 사실은 당신이 찾으려고만 하면 어떤 상황에서도 분명 좋은 점이 있다는 것이다. 때론 문제에서 발견한 좋은 점이 문제로 인한 손실보다 더 큰 이익을 가져다 주기도 한다.

무엇이 가장 큰 문제인가?

지금 현재 당신이 인생에서 직면하고 있는 가장 큰 문제는 무엇인가? 모든 사람에게 해결해야만 하는 일련의 문제들이 있다. 그러나 그 중에서도 다른 어떤 것보다 훨씬 심각하고 당신을 좌절하게 만드는 문제가 분명 하나 있을 것이다. 그리고 그 하나의 문제가 다른 문제들의 근본적 원인으로 작용하는 경우가 많이 있다. 당신의 문제는 무엇인가?

이제 이렇게 상상해보자. 당신이 가지고 있는 그 문제는 사실 미래에 더 큰 행복과 성공의 길로 당신을 인도해 줄 교훈을 담고 있는 선물이라고 말이다.

선물을 찾아라

노먼 빈센트 필Norman Vincent Peale은 이렇게 말했다. "신이 우리에게 선물을 보낼 때 항상 문제로 그것을 포장한다. 포장지인 문제가 크면 클수록 그것이 감싸고 있는 선물의 크기도 함께 커진다."

현재 당신의 문제가 감싸고 있는 선물은 무엇인가? 놀랍게도 문제가 감싸고 있는 선물이나 소중한 교훈을 찾으려고만 하면 언제든지 찾을 수 있다.

문제가 클수록 그리고 오래 지속할수록, 그 안에 여러 개의 선물이 포장되어 있을 가능성이 있다. 찾으려고 하면 반드시 보인다.

실수로부터 배워라

몇 년 전, 나는 사업상 어려운 시기에 부딪히게 되었다. 그로 인해 나는 막대한 양의 돈을 잃었고 매일 밤 잠을 이루지 못했다. 나는 책상 앞에 앉아 종이 한 장을 꺼낸 뒤, 종이의 맨 위에 *이 경험을 통해 내가 배운 것은 무엇인가?* 라는 제목을 달았다.

나는 스스로 이번 실패를 통해 배운 교훈 스무 개를 적었다. 당시에 적었던 스무 개의 교훈들은 이 다음 내가 사업에서 겪게 되는 다양한 상황들의 기준을 제시해주는 동시에 더 큰 도약을 위한 자양분이 되었다. 이 때 얻은 교훈들을 바탕으로 현명한 의사결정을 내릴 수 있었고 잃었던 돈을 모두 되찾을 수 있었다.

인생에서 실수는 누구나 저지를 수 있다. 어쩔 수 없는 상황과 피할 수 없는 우연이 있기 때문이다. 실수하는 것 자체는 잘못이 아니다. 단, 실수로부터 아무것도 배우지 못하는 것은 잘못일 수 있다. 실수를 통해서 배울 수 있는 모든 지식과 통찰력을 교훈으로 끄집어내 같은 실수를 반복하지 않도록 해야 한다.

1. **어떠한 경우든 문제에 대한 책임을 받아들여라.**
   문제가 발생했을 때 다른 사람이나 상황을 탓하며

비겁한 변명을 늘어놓지 마라. 이것은 패배자들이 흔히 빠지는 덫이다. 단순히 "내 책임이다"라고 인정하고 모든 것을 시작하라.

설령 문제가 발생한 데 당신 잘못이 전혀 없더라도 다른 사람이나 상황을 탓하는 것은 문제 해결에 아무런 도움이 되지 않는다. 문제 상황에 대한 책임을 받아들이고 오히려 평정심을 유지한 채 상황을 긍정적으로 해석하려고 시도하라. 이렇게 함으로써, 당신은 상황을 객관적으로 분석하고 통제할 능력을 얻게 된다. 이때, 당신의 두뇌는 문제 해결에 최적화된 상태에서 효율적으로 작동할 것이다.

2. 문제 해결 능력을 길러라.

성공한 사람들의 특징은 그들이 대부분의 생각하는 시간을 문제를 해결하는 데 쓴다는 것이다. 그들은 마치 멈추지 않는 바다의 파도처럼 인생도 문제 상황의 연속이라는 사실을 인식하고 있다. 따라서 그들은 문제 자체에 화를 내거나 하지 않는다. 대신 어떻게 하면 문제를 해결할 수 있는가를 끊임없이 고민해 해결책을 찾아내는 데 초점을 맞춘다. 그들은 끊임없이 문제 해결을 위해 자신들이 취할 수 있는 행동에 대해 고민한다. 어떻게 하면 장애물을 치워내고 앞으로 나아갈 수 있는가? 이것에 초점을 맞춰라.

3. 마음을 미리 계획하라.

내가 인생에서 배운 가장 중요한 교훈 중 하나가 자신의 마음을 계획하는 능력이다. 마음을 계획하는 능력이란 특정 상황에서 어떤 식으로 반응할지를 미리 생각하여 정하는 능력을 말한다.

예를 들어, 당신은 어떤 일이 일어나더라도 절대로 포기하지 않겠다고 미리 결정할 수 있다. 그러면 성공할 때까지 계속 시도할 것이다. 당신은 다양한 것들을 시도하겠지만, 궁극적인 목표를 성취하기 전까지 그 시도를 멈추지 않게 될 것이다.

알람시계와 같이

자신의 마음을 이런 식으로 미리 계획하면, 온갖 종류의 실패나 역경에 부딪힐 때 당신은 마치 알람시계가 제시간에 울리는 것처럼 자동으로 반응하게 된다. 실패로 인한 처음 충격과 실망에서 금세 회복되어 긍정적 마음가짐을 가지고 다시 도전하게 될 것이다. 결국,

당신은 이런 방식으로 목표를 성취할 때까지 *멈추지 않을 것*이다.

강력한 문제해결 방법이 하나 있다. 주로 높은 수준의 정부와 회사경영에서 많이 사용하는 이 방법은 매우 단순하지만 동시에 막강하다.

첫째, 문제를 분명하게 정의하라. 대략 모든 문제의 50%는 처음 정의를 분명히 내림으로써 곧바로 해결된다. 그리고 물어라. "나머지 문제는 무엇인가?"

단 한 가지 방식으로 정의되는 문제는 없다. 만약 문제가 하나로 정의된다면, 그것을 한 번 의심하는 것이 좋다. 문제를 다양한 방식으로 정의 내리면 내릴수록 정답에 가까운 해결책을 찾는 것이 더욱 수월해진다.

둘째, 문제를 정확히 파악했다면, 이제 이렇게 물어라. "해결책이 무엇인가?" 어떤 문제든 단 하나의 해결책이 존재하는 경우는 없다. 만약 그렇다면, 다시 한 번 의심하라. 한 가지 해결책을 찾았다면, 이렇게 한 번 더 물어라. "다른 해결책은 무엇이 있는가?"

머릿속으로 떠올릴 수 있는 해결책의 가짓수와 질 사이에는 직접적인 관계가 존재한다. 해결책의 양에 따라 의사결정의 질이 결정된다.

최악의 결과

문제와 관련된 걱정과 불안을 최소화하는 방법의 하나는 "재난 보고서"를 작성하는 것이다. 재난 보고서를 작성하면 최악의 상황이 다가와도 침착성을 잃지 않고 문제를 명확하게 볼 수 있다.

우선, 문제를 명확하게 정의하라. 되도록 문제를 정의할 때 글로 써보는 것이 좋다. 글쓰기 행위를 통하면 생각을 정리하고 해결책에 문제를 맞히는 것이 훨씬 수월해질 수 있다.

그 다음 이렇게 물어라. "이 문제로 발생할 수 있는 최악의 결과는 무엇인가?" 최악의 경우의 수를 미리 한번 상정해보라. 그러고나서 현재의 문제로 인해 발생할 수 있는 최악의 결과가 있음을 인정하고 그 상황에 정면으로 대처하라.

세 번째로, 최악의 상황이 발생하더라도 대처할 수 있는 계획과 해결책을 제시하라. 이렇게 하는 과정에서 정말 놀라운 일이 벌어질 것이다. 최악의 상황을 미리 생각해두고 만약 발생 하더라도 이것을 받아들이기로 하면, 걱정이나 근심은 저 멀리 사라질 것이다. 스트레스와 긴장감도 어딘가로 증발해 버리고 침착성을 유지할 수 있다.

마지막으로, 최악의 상황에서 벗어나 더 나은 방향으로 이끌기 위해 할 수 있는 일을 지금 당장 시작하라. 최악의 상황이 발생하는 것을 막을 수 있는 모든 것을 생각해보고 당신이 지금 할 수 있는 일을 시작하라.

 이 네 가지 방법은 가히 혁신적이라고 할 수 있다. 인생에서 문제 상황과 시련을 마주할 때마다 이 방법을 사용해 문제 해결에 근접해 갈 수 있다. 문제를 명확히 정의하고, 최악의 결과를 상정하고, 최악의 결과가 펼쳐지더라도 그것을 받아들이겠다고 결심하고, 마지막으로 최악의 결과로 상황이 전개되지 않도록 무언가를 행동으로 옮겨라.

스트레스와 걱정을 없애라

 이제 정말 마지막이다. 걱정을 없애고 끈기 있게 나아가 계속 목표를 이루기 위해 행동하라. 문제 상황과 어려움을 걱정하면서 보낼 시간이 없다. 걱정을 잠식할 수 있는 유일한 방법은 계속해서 행동하는 것이다. 계속 행동하는 것이야말로 당신을 궁극적 목표에 도달할 수 있게 하는 비밀이다.

 인생의 목표, 즉 과녁의 중앙을 명중시키기 위해선 그 과녁이 무엇인지를 명확하게 볼 수 있어야 한다. 목표가 무엇인지를 분명히 한 뒤에, 매일 실천 할 수 있는 계획을 세워라. 계획에서 가장 중요하다고 생각하는 것을 먼저 실행에 옮겨라. 성공할 때까지 끈을 놓지 않겠다고 스스로 결심하라. 어떤 일이 벌어지더라도 절대로 포기하지 않겠다는 사실을 각인시켜라.

성공, 목표에 집중하라!

 이러한 일련의 과정을 계속해서 반복하면, 인생에서 승리하는 습관을 얻게 될 것이다. 많은 사람들이 수년에 걸쳐 성취하는 것을 당신은 단 몇 개월 만에 이루어낼 수도 있게 될 것이다. 행운을 빈다!

가라!
이제 당신 앞에 놓여있는 멋진 것들을 **성취**하라!
당신은 **할 수 있다.**

성공을 위한 연습 1단계
주요 목표 정하기

- 주요 목표 (당신이 최종적으로 이루고자 하는 것)

주요 목표 : _____

_____년 ____월 ____일

- 구체적인 목표 10가지를 적어보자. (28~29페이지 참조)

1. _____
2. _____
3. _____
4. _____
5. _____
6. _____
7. _____
8. _____
9. _____
10. _____

성공을 위한 연습 2단계

목표 설정

1. 당신의 목표는 무엇인가?

나의 목표는 _____ 이다.

2. 당신은 언제까지 목표를 달성할 것인가?

나는 _____년 ___월___일까지 목표를 달성할 것이다.

3. 목표를 이루기 위해 해야 할 일

내게 필요한 기술과 지식	극복해야 할 것
☐	☐
☐	☐
☐	☐
☐	☐
☐	☐

4. 일의 중요도와 순서 (28~29페이지 참조)

- 3번 항목에서 "해야 할 일"의 순서를 정하는 일

    1. _____ ◯
    2. _____ ◯
    3. _____ ◯
    4. _____ ◯
    5. _____ ◯
    6. _____ ◯
    7. _____ ◯
    8. _____ ◯
    9. _____ ◯
    10. _____ ◯

- 나를 도와줄 사람은 누구인가?

    _____

- 지금 당장 해야 할 일을 시작하라!

성공을 위한 연습 3단계
목표 공유

1. 당신의 목표는 무엇인가?

나의 목표는 _____ 이다.

2. 당신은 누구와 이 목표를 공유하고 싶은가?

나는 _____와 이 목표를 공유하고 싶다.

- 목표설정 7단계
1) 원하는 것이 무엇인지 명확하게 구체화시켜라.
2) 목표를 종이 위에 적고 수치화시켜라.
3) 기한을 정하라.
4) 목표를 이루기 위해 해야 하는 모든 일을 적어라.
5) 4단계 일의 목록을 중요도와 순서에 따라 체계화시켜라.
6) 행동하라.
7) 포기하지 않고 매일 반복하라.

- 자기관리 4단계
1) 목표를 명확하게 적어라.
2) 구체적인 행동을 계획하라.
3) 목표를 위해 해야 할 일 목록을 정리하라.
4) 우선 순위를 정하라.

- 인간관계를 좋게 하는 9가지 전략
1) 다른 사람을 비난하거나 불평하지 마라.
2) 유쾌한 사람이 되라.
3) 받아들이는 연습을 하라.
4) 감사를 표현하라.
5) 존경을 표현하라.
6) 인정을 표현하라.
7) 관심을 가져라.
8) 말의 명확한 의미를 질문을 통해 확인하라.
9) 대화할 때 당신의 말을 평소와 다르게 바꿔서 반응하라.

저자에 대하여

브라이언 트레이시는 미국 캘리포니아 셀로나 해변에 있는 인력자원개발 회사 Brian Tracy International의 회장을 역임하고 있으며, 다수의 책과 800여 편 이상의 오디오 및 비디오 프로그램을 출판한 작가이다. 그의 저작은 40여 개 이상의 언어로 번역되어 60여 국가에서 이용해볼 수 있다. 지역사회에 관심을 갖고 활동하는 활동가이자 몇몇 비영리단체의 컨설턴트로도 활약하고 있다.

브라이언은 오늘날 세계에서 손꼽히는 유명강사이자 자기계발 훈련가로, 매년 25만 명 앞에서 리더십, 전략, 세일즈, 개인적 성공 및 사업성공 전략에 관한 강연을 펼친다. 그는 지금까지 5천 회 이상의 강연과 세미나를 전 세계 500만명을 대상으로 열었다. 그의 강연은 언제나 독특한 유머와 통찰, 정보, 영감으로 잘 버무려져 있다.

브라이언은 현재 아내인 바바라와 4명의 아이와 함께 캘리포니아 솔라나 해변에 거주하고 있다. 그는 현재에도 종교

학, 형이상학, 정치학, 경제학, 역사, 마케팅, 경영, 심리학, 인사관리 등을 열정적으로 공부하고 있는 학생이기도 하다. 그는 모든 사람은 무한한 가능성을 가지고 있으며 그것이 아직 발견되지 않았을 뿐이라고 믿는 사람이다. 가능성이 한번 발현되면 평범한 사람이 평생에 걸쳐 이루어내는 것을 단 몇 년 만에 이루어낼 수 있다고 말한다.

성공, 목표에 집중하라!

2016년 1월 28일 초판 인쇄
2016년 1월 28일 초판 발행
지은이 | 브라이언 트레이시
옮긴이 | 김수연, 이상진
펴낸이 | 홍재영
펴낸곳 | (주)도서출판 나무
편집장 | 이상진
주소 | 서울특별시 중구 퇴계로36길
전화 | 070-8610-6306
팩스 | 070-8610-6307
출판등록 | 제 25100-2013-000038호
ⓒ 2016 (주)도서출판 나무
ISBN 979-11-951118-5-5 (03190)